狩野光男氏が描いた四一九列車銃撃
狩野氏は3月10日の東京大空襲で両親と妹2人を亡くし、戦後は画家として修行。独立後、映画看板、新聞広告のイラストなどで生計をたてる。空襲体験者の証言をもとにした絵を描き続けている。出典『狩野光男氏が描く東京大空襲』（きかんし）

西国立駅に置かれた解体直前の ED16-７。瀬沼秀雄氏撮影

献花と哀悼のようす（2013年）

「高尾梅の郷まちの広場　管理棟」で行われた慰霊の集いのようす
マイクを手にして司会を務める水野淳（2016年）

はじめに

本会は初代会長の故・細川武雄が中心となって一九八四（昭和五十九）年七月に結成し、毎年八月五日に四一九列車空襲で亡くなられた方々への慰霊行事を行ってきました。一九四五年八月五日、中央本線で起きたアメリカ軍機によるこの空襲での犠牲者数は、当時の単独の列車への銃撃空襲としては最も多い五二名でした。犠牲者のご無念と列車内外の惨状を知るにつけ、これを後世に伝えたいという思いから続けて参りました。二〇一七（平成二十九）年はリーフレットを初めて製作、二〇一八年四月には案内の碑の隣に東京八王子南ロータリークラブの全面的なお力添えにより案内板も設置いたしました。これまでの会の活動は二〇一五年に『いのはな慰霊の集い　三十年のあゆみ』としてまとめ、体験記リストを掲載し、一部の体験記を収録しました。

アジア・太平洋戦争が終わってから七十三年が経ち、空襲の体験者、直接故人を知るご遺族が少なくなる中で、この空襲についてブックレットとしてまとめることにいたしました。本書は『中央本線四一九列車』（齊藤勉　一九九二年　絶版）をもとに、その後に明らかになった体験記、証言、米軍資料などを加えながら記述しました。枚数の制約から出典は省略しましたが、証言は『いのはな慰霊の集い　三十年のあゆみ』のリストにある体験記、長年の調査で得られた体験談をもとにしています。

一人でも多くの方がこの惨禍を知り、平和の尊さをかみしめていただきたいと願っております。

最後になりましたが、この空襲で犠牲になられた方々のご冥福をあらためて御祈りするとともに、ご協力、お力添えをいただいた皆さまに心より御礼申し上げます。

いのはなトンネル列車銃撃空襲遭難者慰霊の会

第一章 悲劇への出発

第一節　長野行き四一九列車、新宿駅出発

四一九列車の乗務員と国鉄職員

敗戦の十日前の一九四五（昭和二十）年八月五日は日曜日で、朝から暑かったといいます。八月二日の八王子空襲で一時不通になった中央線は、この日ようやく全面開通し、新宿駅発の名古屋、長野などに向かう中距離列車も運行されることになりました。

やがて入線した三番線ホームで機関車ＥＤ16－7に牽引された八両編成の客車（真ん中の一両は荷物車）、長野駅行き四一九列車は、十時十分の発車を待っていました。機関士は八王子機関区の鈴木頼之さん、車掌は丹野玉子さんでした。彼女は出征による国鉄職員の不足から一九四四年に茨城県多賀郡の町村で駅務係として採用された女性の一人でした。しかし、男性車掌不足から車掌となって独り立ちをしたばかりで、荷物室の乗務員室に荷物扱専務のおじいさんとともに入りました。同じように採用された和田栄子さんは非番を利用し、桃を買いに行くため一般客として乗車していました。

この他、乗車した国鉄の職員には、山梨県大月市在住の磯部澄枝さん（一九歳）と幡野すみ子さん（一九歳）がいました。二人は一九四三年に新宿駅出札係になり、一日は駅に泊まり、一日は自宅に帰るという日々を送っていました。勤務明けのこの日、二人は向かい合って座り、磯部さんはいつでも食べられるようにと母親が

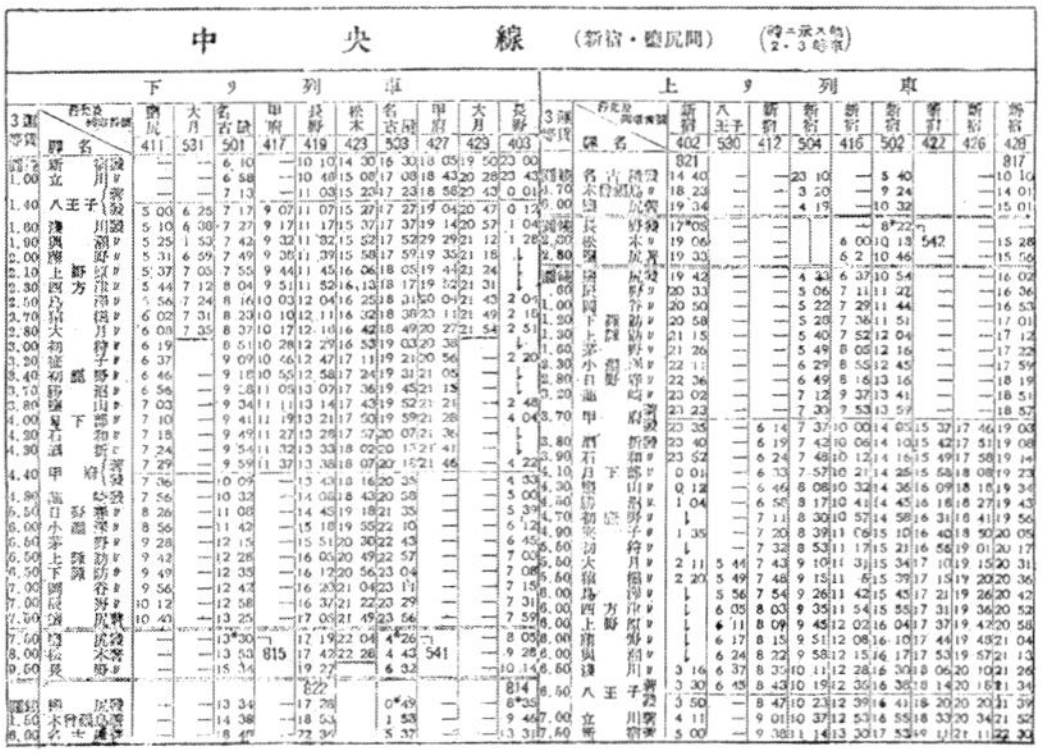

１９４５年８月時点の国鉄中央本線の時刻表（１９４５年６月10日に改正）

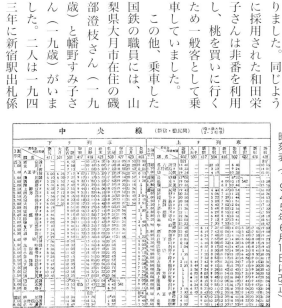

煎ってくれた豆を取り出し、まわりの人を気づかいながら、少しずつ二人で食べました。磯部さんの隣の席には、世田谷区九品仏の自宅から山梨県北巨摩郡長坂町（現・北杜市）に行こうとしていた小野寺五一さんが座ったのかもしれません。リュックサックには、学童疎開先にいる子どもに届けるための一斤のパンと瓶に詰めたジャムが入っていました。

419列車を牽引していた電気機関車ED16－7の全景

ちょうど幡野さんの背中合わせの席に座っていたのが、叔父のかわりに疎開先の家族に荷物を届けようとしていた東京帝国大学工学部三年生の守矢日出男さん（二二歳）でした。乗り込んだ時、入口近くの席に座ろうとしましたが、思い直してここに座りました。

東京駅勤務の井上亘二さん（一七歳）は徹夜勤務を終え、神奈川県津久井郡内郷村（現・相模原市）の自宅に帰ろうとしたところ、庶務係の男性から妻の実家の甲府に行くからと同行を誘われ、前から三両目前方、進行方向左側の窓辺に向かい合って乗車しました。

切符一枚を入手するために

新宿駅は五月二十五日の空襲で南口のコンコースが全焼したため、鉄骨のみとなったホームに立つと青空を見ることができました。そのホームには山梨や長野の自宅・実家や疎開先に向かう人々がやってきました。背負ったリュックサックや風呂敷の中には家族、知人などへの食料や衣類、お土産などが詰まっていました。中には貯金通帳や現金などの全財産を身につけているという人もいました。

手にしていた切符は家族が苦労して手に入れたものでした。約二ヶ月前の六月十日、国鉄は軍事輸送確保のために旅客列車を三割削減する大幅なダイヤ改正を行い、兵隊ら軍関係者の乗車を優先させました。私的旅行は避けるように新聞などで呼びかけられ、切符は駅で一定枚数しか発売されませんでした。大森区（現・大田区）久が原に住む黒柳ますえさんは、娘の都立大森高等家政女学校（現・都立雪谷高校）四年生の良子さん、一年生の美恵子さん姉妹を夏の間、長野県飯田市の親戚に行かせるため、原町田駅（現・町田駅）まで出かけて切符をようやく手に入れ、二人を見送りに来ました。前日の朝、姉の良子さんは庭にたわわに小さな粒をつけている葡萄を見て「今年は食べられないわね」とつぶやきました。ホームに来たときにはすでに混んでいたそうですが、幸いにして車両の端に席があり、進行方向左の通路側に二人は向かい合って座りました。良子さんは進行方向を向いていました。

一方で、山梨県甲府市の実家に向かおうとしていた日本大学工学部学生の高野本男さんは、翼賛議員だった父親の孫左衛門さんに切符を入手してもらい、駅で並ぶことなく乗車できました。一度は座りましたが、老婦人に席を譲り、通路側の肘掛けに立ったまま腰を掛けました。

十時十分の発車を待つ人びと

蒲田区（現・大田区）女塚の自宅に自分の母親、郵政省勤めの夫、娘の津久恵さんの四人で住んでいた石川まさじさん（四二歳）は、四月十五日の空襲で焼け出されると、王子区（現・北区）十条の兄の家から通勤し始めた夫だけを残し、山梨県中巨摩郡に疎開しました。ただ、月に三回ほど夫に食料を届けに行っていました。最後に東京に行く日、津久恵さんに「八王子に見つけた家で暮らそう」と言い、珍しく一緒に行こうと誘いましたが、転校した甲府の女学校で勤労動員中だった彼女は断りました。母親は心配して東京行きを止めさせようとしましたが、「私一人で行くしかないのか」とつぶやいて、小さな体に義兄の家族の食料まで持って、釜無川にかかる信玄橋を一人竜王駅へと向かいました。津久恵さんが「大変だな」と思って見た姿。それが、母親との永遠の別れになりました。まさじさんも新宿駅から乗ったと思われ、夫から受けとった給与を身につけていました。

横浜正金銀行東京支店の副支配人をしていた角南利三さん（四五歳）は、妻子を山梨県北都留郡初狩村（現・大月市）に疎開させ、淀橋区（現・新宿区）下落合から通勤していました。この日は、生活物資を得るために来ていた妻と一歳の長女を疎開先に送り届けようと一緒に乗車し、万一の場合に備えて脱出に便利な最後尾の車両の一番後ろに座りました。

谷内忠良さん（三六歳）はリュックサックにいっぱいの荷物を背負い、山梨県南都留郡に疎開している妻と四人の子ども達に、しばらくぶりで会うために前から五両目に乗り、幸いにして座ることができました。

蒲田区の自宅が強制疎開で取り壊されて大森区久が原に引っ越した織田玉吉さん（四九歳）は、中央工業を退職後、友人経営の軍関係の町工場で雇われ工場長をしていました。長野の友人から三人の子どもの疎開先が見つかったとの知らせがあり、長野に行こうとしていました。

小児科医だった海宝紋之助さん（四八歳、千葉県在住）は、長野県南佐久郡小海村（現・小海町）を目指していました。ここに疎開し、北牧村（現・小海町）の精米所の二階で授業を受けていた昭和医学専門学校（現・昭和大学）在学中の息子の豊徳さん（二〇歳）に面会するためでした。

島津正さん（四五歳）、木村武重さん（四〇歳）、篠原隆文さん（三三歳）の三人は親戚同士で、木村さんの勤務先の杉並税務署の部下だった鶴見綾子さん（一九歳）とともに乗車したようです。運輸通信省鉄道管理局自動車課勤務の島津さんは、妻の都禰子さんと三人の子供が疎開していた山梨県北巨摩郡穴山村（現・韮崎市）の実家に、大蔵省理財局に勤め、杉並税務署の勤務を兼務していた木村さんも山梨の実家へ行くところでした。六月に運輸通信省海務部船川支部に転勤になった篠原さんは、七月末に東京丸ノ内の海上ビルに出張しました。七月六日の空襲で市街地の七割が焼失した甲府市内に実家があり、実家の両親に会うために乗車したようです。

杉並区の光塩高等女学校（現・光塩女子学院高等科）を卒業後、杉並税務署（あるいは杉並区役所）に勤務していた鶴見綾子さんは、甲府に疎開していた光塩のシスターに会うためだったといいます。島津さんが全員の切符を手配し、二等車に乗り合わせたようです。

東京に出張した多田平八郎さん（三三歳）も、その帰りに甲府に住む母親に会おうとしていました。宮田家具で漆塗り職人だった多田さんは、会社が解散した後、木俣という木工工場に勤めました。四月十三日の空襲で豊島区池袋の家を焼け出されたのを機に、岐阜県益田郡下呂町（現・下呂市）に疎開をかねて、工場の所長として妻子を連れて赴任していました。東京出張の際、妻の敏子さんはなけなしの米を全部炊いて、大きなおむすびを作って持たせてあげました。

神奈川県横浜市にあった日本鋼管鶴見造船所に勤めていた田下藤樹さん（三五歳）は、鶴見の家が強制疎開を受けて会社の寮で生活していました。前日に都内の同郷の知人宅に泊まり、故郷の長野県木曽郡木祖村菅の実家に疎開していた家族に会うため、知人が空襲を心配して引き留めるのも聞かず出かけました。後に亡くなったことを聞いた知人は「あんなに止めたのに」と悔しがりました。

一九四二年三月に北海道函館市の弥生国民学校高等科を卒業し、蒲田区（現・大田区）麹谷の興亜工業株式会社に就職した小野嘉明さん（一七歳）は、五月二十九日の空襲で会社の寮が焼け、三十日に北巨摩郡日野春村（現・北杜市）の会社の疎開先に先遣隊の一人として行き、一度東京に戻りました。この日ふたたび疎開先に向かおうと準備をしていたところ、両方の編み上げ靴の紐がぷっつりと切れました。友人たちは嫌な予感がしましたが、本人は気にせず、いたって元気に「帰りはハタンキョウをみやげに持って来るから」と出かけて行きました。

城東区（現・江東区）亀戸の第二精工舎（現・セイコーインスツル株式会社）は空襲で焼けた後、長野県の上諏訪など四ヶ所に工場を分散疎開させていました。疎開工場から都内の自宅に戻る際に偶然に部下の清水タカさん（二〇歳）に会った山村陽太郎さん（三一歳）は、再度疎開先に行く時には一緒に行くことにして、この日は真ん中あたりの車両の窓側に向かい合わせに座りました。

筑摩書房創立者の古田晁さん（三九歳）は『柴笛』（渋川驍）の原稿を手に、義弟の宇治正美さん（医師、随筆家）と乗車しました。古田さんはこの原稿を印刷するために用紙を送った長野県伊那町（現・伊那市）の熊谷印刷所へ、宇治さんは千葉医科大学（現・千葉大学医学部）の疎開先に行くためでした。二人とも幸いにも座ることができました。古田さんの座席の横には「文房具屋さんのようなまじめなおじさん」が、椅子の肘掛けに腰を寄せながら立っていました。

八月初めにＮＨＫの技術養成所を卒業した市岡俊三さん（一七歳）は、長野県飯田市で電探（レーダー）関係の研究をしている分室への赴任を命じられ、塩尻経由で名古屋の実家に一度帰省することにしました。松本などの実家に帰省しようとしていた同僚で同じ歳の佐藤文雄さん、年下の神田好雄さん、林部万平さんと四人で、前から三両目の真ん中あたりで、窓の下に行き先を示す札がかかる進行方向右側の席に座りました。

軍人・兵士の乗車　名取安治

軍関係者の輸送優先ということから特定の車両が兵隊に割り当てられたといわれています。谷内忠良さんは一、二両目は兵隊専用だと聞いたそうです。配属先の宮城県の基地から東京に出張、ついでに神田の自宅を焼かれ長野県下諏訪に疎開中の両親に会おうとしていた海軍少尉の宮森清久さん（二〇歳）は、駅員から「軍人さんは優先的にご乗車いただくから」と言われました。しかし、本来、将校が乗る二等車ではなく、一般の兵隊の乗る三等車の一両目後部の乗降口から優先的に乗り、進行方向左側二つ目の席に座りました。同じ一両目には、故郷の山梨県に向かう上司と、四日間の休暇とっていた海軍の小松八郎さん（青森県大湊海兵団所属）もいました。

とはいえ、兵隊は実際にはほとんどの車両に乗っていました。たとえば陸軍東部八三部隊（千葉県柏市）の宇野七郎さん（二八歳）は、北富士演習場での演習準備のため、将校一名、下士官二名、兵隊一六名で先頭車両に乗ろうと待っていると、駅の助役から先頭車両は混む、後尾車両が空いていると教えられて、後尾車両の前方に乗車しました。同じ東部八三部隊に四月二日に入隊した二木金三郎さん（二一歳）も二回目の外泊許可を得て、母親ら家族の疎開先の山梨県に向かおうと最後尾に乗りました。

甲府連隊の兵隊も多く、甲府六三部隊の寺島正一さん（三〇歳）は、部隊で必要な物資を都内まで取りに来て、甲府の部隊まで戻ろうとしました。このため列車が銃撃されたのは、米軍が兵隊が大勢乗車したのを察知したからと考える人もいました。

午前十時三十分・新宿駅出発

やがて発車時刻の十時十分になりましたが、時刻通りには発車しませんでした。

列車が遅れたことで、滝口愛子さん（三六歳）は乗車できたのかもしれません。八月一日に山梨県南都留郡宝村（現・都留市）の実家を弟の土屋貴三さんとともに出た愛子さんは、千葉県習志野に住む叔父のもとへと向かいました。貴三さんの結婚話を進めるとともに、自分が経営する会社に泊まったりして、四日には東京都北多摩郡調布町（現・調布市）に住む叔母と一緒に実家に戻ろうとしていました。五日になって叔母が急に都合が悪くなり、すでに列車の出発には間に合いそうもない時間でしたが、叔母の家を飛び出していったといいます。

そして四一九列車は出発しました。守矢日出男さんの日記をもとにした体験記には、二十分ぐらいの遅れとあり、十時三十分頃には出発したようです。三両目の座席は満席、通路には立っている人、荷物の上などに座っている人が何人か見受けられるぐらいの混み具合でした。

立川駅：午前十時四十八分

立川駅への到着予定時刻は、午前十時四十八分でしたが、この日は約二、三十分遅れて到着しました。

ここには南武線、青梅線からの乗り換え、新宿駅から立川駅までの間の通過駅から来た客が待っていました。また、立川周辺に多い軍事施設、軍需工場の関係者もいました。

立川飛行場に隣接する陸軍航空研究所の総務部会計課勤務の堤規子さんは、家族が疎開していた長野県辰野に近い岡谷の「三研」に転勤させてもらうことになり、立川に荷物を取りに来て、再び岡谷に戻るため乗りました。

北巨摩郡菅原村白須（現・北杜市）に娘の木村てつ子さん、孫達と疎開していた宇野うたさん（七〇歳）は、出征する甥の見送りに立川に来ていました。二日の八王子空襲に驚いたようで、中野に残っていたてつ子さんの夫の見送りを受けて乗りました。

小林いさみさん（三三歳）は、弟の河野次男さんが住む川崎市が空襲を受けたことを心配して、山梨県中巨摩郡櫛形町（現・南アルプス市）の嫁ぎ先から訪ね、無事を確認して戻るところでした。

夫が出征中の松原菊江さん（二三歳）は、北都留郡上野原町（現・上野原市）の実家に疎開し、徴用先の日本橋室町の三共製薬に通っていました。前日は杉並区の兄の家に泊まり、兄が引き留めるにもかかわらず、実家に帰ろうとしました。車内に入ることができず、入口あたりに立っていたそうです。

立川警察署の警察官で柴崎町に住んでいた手島国男さん（三二歳）は、妻のみよのさんと二人の子どもを疎開させていた山梨県東山梨郡日下部町（現・山梨市）の実家に戻るところでした。制服姿だったので、銃撃後の悲惨な姿を多く人々が目にしました。立川消防署の飯田俊雄さん（一

8月5日の419列車の運行状況

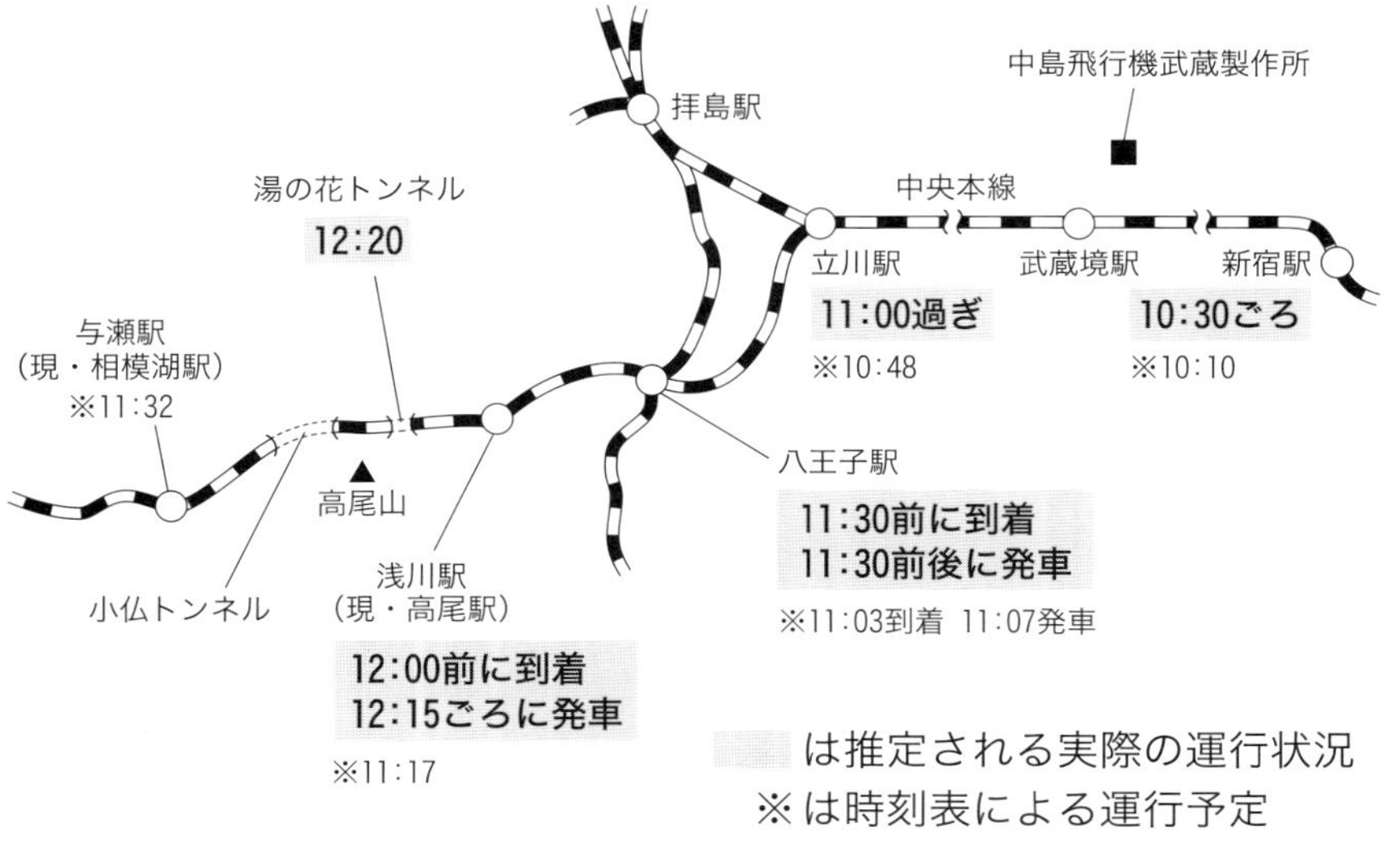

七歳）は勤務明けで、北都留郡富浜村鳥沢（現・大月市）の自宅に戻るため乗車しました。国鉄職員の降旗昭次さん（一七歳）はたまった洗濯物を持って長野県の疎開先に向かうため乗車し、通路の真ん中に腰をおろしました。

兵隊では陸軍東部六三部隊西山隊の小林十三三さんは、出張で都内に来た後、北多摩郡村山村（現・武蔵村山市）の実家に泊まり、新宿から乗車する仲間と合流しようと乗車しました。

井上匡二さんはデッキから乗れない人達は窓からも乗ってきたとしており、坊城雙美子さんは前から四、五両目の二等車に将校にかつぎあげてもらい、窓から乗りました。

発車時刻の午前十時四十八分から二十分以上遅れて発車した列車は、多摩川鉄橋を渡り、日野駅、豊田駅を通過しました。井上さんは立川駅を発車すると間もなく、座席を取り外して床に並べて一人でも多く乗れるようにしておきました。

日野町日野台（現・日野市）には日野五社と呼ばれた工場群がありました。その一つだった六桜社（現・コニカミノルタ株式会社）の経理担当取締役の渡辺由三郎さん（五三歳）も、諏訪工場に火災保険の手続きに行くために新宿駅から乗っていました。

八王子駅：午前十一時三分

立川から約十分後、列車は二日の空襲で焼け、鉄骨の柱と梁だけが残る八王子駅に到着しました。到着予定時刻は十一時三分。発車は七分でしたが、この日は二、三十分過ぎの十一時三十分前後で、すでに空襲警報が発令されていました。乗務員の交代が行われ、鈴木機関士は甲府機関区の竹井機関士に、そのほか小尾機関助士、河野運転教習生、深沢機関助手見習いの計四名が機関車に乗り込みました。

ここでも八王子市内をはじめ、八高線や横浜線からの乗り換えを待つ人々でごった返していました。

高橋道子さん（都立第四高等女学校三年生）は全焼した母校の後片付け作業をしていましたが、中耳炎の具合が悪く、

８月２日の空襲で焼け野原となった八王子
（９月15日、アメリカ陸軍通信隊が撮影）

早退して四ヶ月ほど前に疎開した神奈川県津久井郡小原町（現・相模原市）の家に帰ろうとしていました。横浜市鶴見区から疎開した八王子市本町二丁目の親戚の家を、八王子空襲で焼け出されてバラック住まいだった星野コトさん（三三歳）は、長男賢一君（六歳）、次男の手を引き、七月十四日に生まれた三男を背負い、津久井郡千木良（現・相模原市）の実家に行こうとしていました。

六月頃から駐屯していた埼玉県児玉郡の国民学校から八高線で八王子駅まで来たのは、兵隊の細田昭夫さん（一八歳）でした。母親が危篤との電報に、長野県上伊那郡中沢村（現・駒ヶ根市）の実家に駆けつけようとしていました。

井上匡二さんは「八王子でもデッキから乗り切れない乗客は窓から乗り込み、又子供や荷物は車内の人達が手渡しで受取り乗り込んだ」と記しています。それを裏づけるように、八王子に住む中学校の友人、三木治さんの無事を確認して津久井郡与瀬町（現・相模原市）の自宅に帰ろうとしていた大神田三夫さんは、「列車は二百パーセント以上の乗車率で、便所にまで乗客があふれる、すし詰め列車のデッキに、力づくで乗り込んだ」と記しており、大変な混雑状態になりました。

四一九列車はまもなく八王子駅を発車、約十分で浅川駅（現・高尾駅）に到着しました。この駅も五月二十五日と七月八日の二度にわたって米軍の戦闘機Ｐ51の銃撃を受けて負傷者が出ています。どちらの日のものか分かりませんが、現在でも一、二番線ホームの尾根の支柱二本（支柱番号31と33）に銃弾痕があります。

浅川駅への到着予定時刻は十一時十七分でしたが、実際は正午に近くなっていました。この頃、Ｐ51は多摩から埼玉県上空を飛行していました。

四一九列車とＥＤ16—7

戦時中、高尾駅以西の中央本線は単線であった。山梨・長野方面への中距離列車は、現在では立川駅、高尾駅から発車しているが、当時は新宿駅からも発車していた。四一九列車はその一本で、電気機関車ＥＤ16—7に牽引された長野行きだった。

ＥＤ型電気機関車は勾配線区・貨物列車用の低速中型機だったが、戦時中、多くが中央線で旅客

電気機関車 ED16－7のプレート
（八王子市郷土資料館所蔵）

列車、貨物列車の牽引に運用された。戦後は貨車の牽引に復帰し、青梅線・南武線で奥多摩―浜川崎駅間の石灰石列車を牽引していた。ED16―7は一九八一（昭和五十六）年二月に国鉄大宮工場で解体されたが、ナンバープレートは八王子市郷土資料館に保存・展示されている（ただし、銃撃当時のものではない）。製造された一八両のED型のうち、一号機のED16―1は青梅鉄道公園（東京都青梅市）に静態保存され、二〇一八年度に国の重要文化財に指定されている。

第二節　P51ムスタングの来襲

第506群団、相模湾から多摩へ

この日、硫黄島に展開するアメリカ陸軍の第21群団と第506群団のP51一一三機（最終的には一〇六機）は厚木飛行場、立川、所沢の三つの飛行場を目標にして、午前八時三十三分から硫黄島を出撃しました（任務番号は254）。日本の資料などによれば、六機のB29に先導されて伊豆諸島に沿って北上、相模湾から神奈川県上空に入り、十一時三十分頃に東海道線二宮駅などを空襲しました。二宮駅では五名が死亡、そのうちの一人は、『ガラスのうさぎ』の著者、高木敏子さんのお父さんでした。

八王子駅銃撃――悲劇のはじまり

その後、ラジオが東部軍管区情報として伝えるところによれば、午前十一時五十八分頃にはP51約三〇機が八王子西方を東北方面に飛行し、〇時四分頃には埼玉県の川越、所沢、東京の福生上空にあり、十七分には第一波のこれらの編隊が逐次引き返し、一部は立川付近を旋回しました。

その一部は八王子駅を銃撃、二名の方が亡くなっています。一人は八王子車掌区に勤務していた立川在住の列車手の井上治助さん（四八歳）でした。もう一人の野島和美さん（一六歳）は、静岡県清水市（現・静岡市）から津久井郡藤野町吉野（現・相模原市）に疎開するため、東京経由で八王子駅まで来たところでした。構内の階段の陰に隠れていたところ、足を撃たれ、日本機械の診療所に運ばれましたが、出血多量で亡くなりました。

飛行中のP51ムスタング
手前の機体（機体番号628）と真ん中の機体（機体番号602）は第7戦闘機集団第506群団462戦隊所属のもの。

この空襲をより遠くから見ていたのは、駅の北の高台、八王子市中野町の鵯山《ひよどりやま》に設けられた小宮防空監視哨の中島秀夫さんら監視哨員達でした。彼らはＰ51が北の方から突然現れて上空を通過し、超低空で駅に銃撃を加えて右旋回して西の方に向かい、さらに一度旋回して小仏峠あたりで銃撃しているのを見たといいます。

Ｐ51ムスタングとは

四一九列車を銃撃したノースアメリカンＰ51ムスタングはアメリカ陸軍の戦闘機で、一九四〇（昭和十五）年十月に初飛行、一九四四年に就役。第二次世界大戦中のレシプロ（プロペラ）戦闘機の最高傑作といわれ、約一万四〇〇〇機が生産された。最大速度は時速七〇三キロ、航続距離は一五〇〇～三三〇〇キロ。武装は一二・七ミリ機関銃六門で、ロケット弾を装備することもあった。

日本本土を爆撃するＢ29の護衛を目的として一九四五年三月から硫黄島に第15群団、第21群団、第５０６群団の三つの群団が配備され、アメリカ陸軍第20航空軍の第7戦闘機集団に所属した（後に第４１４群団が加わり四群団編成）。四月七日にはＢ29とともに関東地方に初飛来し、後には単独でも来襲した。

Ｐ51は増槽タンクを装着することで、航続距離は三三〇〇キロと伸びた。ただ、硫黄島と東京は約一二〇〇キロ、往復で二四〇〇キロと航続距離の限界に近く、アメリカ軍はこの作戦を超長距離（ＶＬＲ）作戦と呼んだ。朝方に硫黄島を発進、Ｂ29に先導されて関東地方には昼前後に飛来。基本的には四機編隊で銃撃やロケット弾による空襲を行ったが、途中で悪天候や故障、被弾で不時着水、行方不明になることもあった。空襲は全部で約五〇回実施された。

当時、人々はＰ51も艦載機《かんさいき》と呼んだ。一九四五年二月十六、十七日に航空母艦から関東地方に飛来、銃爆撃をしたため、その恐怖の記憶からだった。

八月五日は第５０６群団、第21群団が関東地方の飛行場を目標に飛来した。４５７戦隊、４５８戦隊、４６２戦隊からなる第５０６群団の目標は、第一目標が厚木飛行場（神奈川県）、第二目標は立川飛行場（東京都）、第三目標は所沢飛行場（埼玉県）だった。ちなみに第21群団の目標は茨城県、千葉県の飛行場だった。

8月5日の第506群団457、458、462戦隊（合計48機）の推定飛行経路

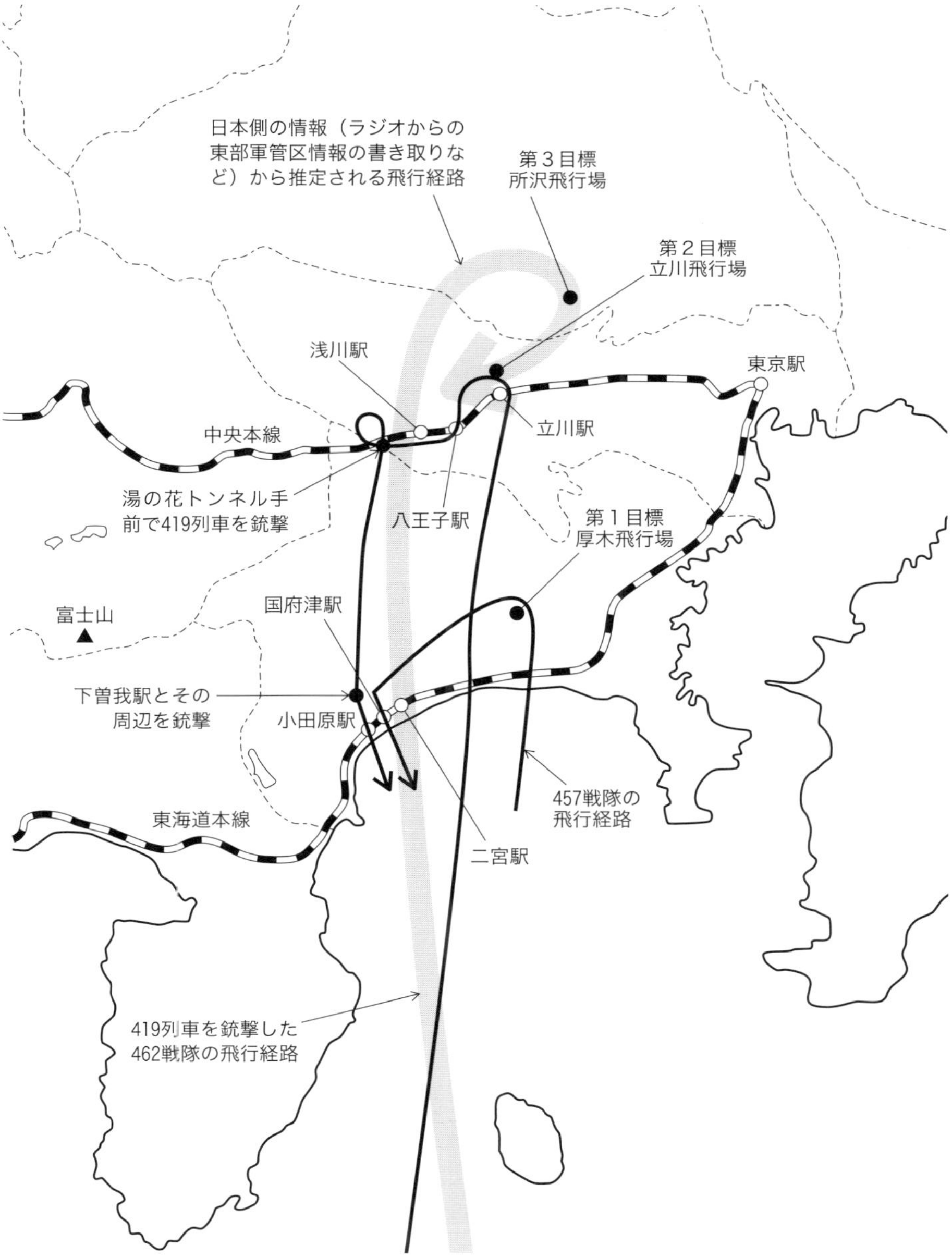

第二章　惨劇の時

第一節　浅川駅への到着と発車

列車を待つ人々

浅川駅では浅川駅周辺や、東京－浅川間の電車（いわゆる「省電」）で来た人々が四一九列車を待っていました。新宿や立川、八王子から乗車したと推定される犠牲者の中にも、実は電車で浅川駅に来ていた方がいるかもしれません。

空襲に遭い、荒川区尾久町から実家近くの埼玉県羽生市に疎開していた中田春吉さん（三七歳・塗装業）は、妻のヨシノさん（三二歳）で山梨県北都留郡富浜村鳥沢（現・大月市）に住む兄が出征するのを見送るために、幼い子ども二人と家族四人で浅川に来ていました。

細川繁忠さん（二二歳）は、八王子市台町の兄の家から神奈川県相模原の陸軍相模造兵廠に勤めていました。八王子空襲での罹災を心配した北都留郡西原村郷原（現・上野原市）の実家にいた兄の鉄雄さん（二七歳）は、近所の人と二人で台町を訪れ、皆の無事を確認し、帰宅する際に繁忠さんも帰郷すると言い出しました。二人は義姉が作ったおにぎりの弁当を持って浅川駅まで来ていました。

戦後、『旋風二十年』というベストセラーで有名になる毎日新聞東京本社の森正蔵さんもその一人でした。彼の日記によれば、五日は宿直明けで、家族の疎開先の甲府に向かいます。鉄道担当記者の勧めもあって電車で八王子駅に来たところで、中央線の全面開通を知りました。八王子駅九時七分発甲府行きの四一七列車はすでに出発していて、新宿駅発の列車を待った方がよかったと思ったものの「今さら仕方なし」と、そのまま浅川駅まで来ました。駅では、中央線で名古屋を経て門司へ行こうとしていた西部支社の江口栄治さんと会い、立ち話をしながら待つものの、なかなか四一九列車は来ませんでした。

やがて「防空警報」が出され、P51の編隊が続々関東地区に侵入し、ラジオ報道は、その編隊が八王子方面へも向かっていることを報じました。駅構内にいる客には退避が求められ、石井竹雄さんは線路を横切って近くの石垣の陰に身を隠しました。森さんや細川鉄雄・繁忠さん兄弟は駅南側の大光寺へ退避しました。細川さん兄弟は握り飯を出してお昼にしようとしました。一方、中田さん夫妻は北口を出て、駅前の食堂で五歳の智和ちゃんにおにぎりを食べさせ、水を飲ませました。これが末期の水になりました。

やがて四一九列車が到着しました。井上匡二さんによれば、駅員がメガホンを片手にホームを走りながら警報の発令を知らせており、デッキや連結器の上などに乗っていた人達は一斉に降りて、反対側ホームの側壁にへばりつくようにしたり、大光寺に退避しました。しかし、まもなく駅では発車の判断をしました。

四一九列車、湯の花トンネルへ

退避していた乗客達は大急ぎで駅に戻り、列車に乗ろうとしました。しかし、あまりに混んでいて家族や同僚、仲間同士で一緒に乗ることができないほどでした。

中田春吉さんは混んでいることに加えて、なぜか乗る気がしませんでしたが、ヨシノさんから説得されて乗降口を探していたところ、窓際に向かい合って座っていた若い女性から声をかけられました。ヨシノさんが鳥沢駅まで行くことを告げると、女性はその先の駅まで行くから子どもを鳥沢駅まで預かりますというので、智和ちゃんを窓越しに渡しました。この女性が幡野すみ子さんで、膝に抱いてくれました。

発車を知らされた細川さん兄弟も駅に向かいました。足が痛かった兄の鉄雄さんは、先に行った繁忠さんとはぐれ、結局、鉄雄さんは二両目の後ろに、繁忠さんは一両目に乗りました。

細川さんと同じ陸軍相模造兵廠に勤めていた鈴木美良さん（二〇歳）は、北都留郡七保村（現・大月市）の自宅に帰ろうと横浜線相模原駅から八王子駅を経由して浅川駅まで来て、四一九列車の前部二両目の中央の比較的間隙のある窓から乗りました。暑い車中は通路も立錐の余地なく超満員のため、男性や若者の多くは機関車やデッキ、連結器上にもすずなりに乗ったそうです。

湯の花トンネル東側出入り口近景

森さんらも大光寺から戻りましたが、後ろから二両目の三等に乗りました。そこでもデッキに立っていることがようやく出来るくらいの混み方でした。石井竹雄さんは、何が何でもその列車に乗りたいという思いで駆け出し、列車の手すりにしがみつき、ぶらさがるようにして必死に乗り込みました。当時七歳の塚本裕子さんは、疎開先の山梨県南都留郡谷村（現・都留市）に戻ろうと、浅川駅から母親、六歳上の兄と三人で乗りました。

中島飛行機武蔵製作所から浅川工場に転勤になった唐木節子さんは、八王子空襲で寄宿先だった設楽さん宅が焼けたので、長野県の実家に身の回りのものを取りに行こうとしていました。同行を会社から頼まれた同年齢で下伊那出身の森下むつ子さんと、一時退避したところではぐれてしまいました。彼女を発車間際までホームで待っていましたが、駅員から「乗るのか、乗らないのか！」とせかされ、彼女と会えないまま、二両目の前のデッキに乗りました。

地元、浅川町小仏の青木孝司さんは、前年十月五日に入隊した山梨県甲府の東部六三部隊から一時帰省していましたが、この日は部隊に戻るために乗車しました。そして仲間と落ち合い、通路側に進行方向を向いて座りました。窓側の席には小林十三三さんがいました。

超満員となった列車はまもなく発車しました。浅川駅に停車しているよりは、埼玉方面に向かったP51が戻って来る前に湯の花トンネル、その先の小仏トンネルに入った方が安全と判断したのでしょう。乗客にも発車を望む声がありました。列車は八王子空襲で焼けた浅川町の町並みを線路下に見ながら、一〇〇〇分の一五～二五という勾配をゆっくりと登っていきました。車両によっては窓を閉めないと敵機に発見される、いや暑くてかなわないというちょっとした口論があったといいますが、空襲警報発令中にもかかわらず出発するという緊張感が次第にやわらいでいきました。その様子を八月七日付の読売新聞の記事は、次のように伝えています。

たまらない暑気でもちろん窓はあけはなし、上衣やシャツもぬいで窓ぎわへ窓ぎわへと身をよせたのも止むを得なかったであろう。よろい戸をあけたり、椅子や荷物で防壁も作らなかった。満員すしづめで作る余地も事実なかった。……それに乗客たちの間にも、もうすぐ東京地区を離れるのだし、数分たたぬうちにトンネルと山峡地帯だと思えば、空襲中の進行という危険な条件もさして気にならぬという考えがあった。……機関車うしろのデッキや、各客車両側のデッキには薄着の客がはみ出して、ブラさがっていたという戦慄すべき状態であった。車内ではサアいよいよトンネルだというので、弁当を開きはじめた客が多かった。乳児に乳房をふくませる母親もあった。

最後尾の車両に乗っていた角南利三さんも「車内では戦況や食物の話が賑やかで、数分後に、あの凄惨な血の地獄が発生することを予想させるものは何一つありませんでした」と記しています。

そして十二時二十分（森さんの日記では「正午前」）、ついにその時が訪れました。

猪の鼻山と湯の花トンネル

湯の花トンネルの名称は、北側の山稜から猪の鼻のように伸びてきていた〝猪の鼻山〟に掘られたことによる。ただ、〝猪の鼻〟ではなく、〝湯の花〟としたのは、国鉄が好字で表示したからであろう。踏切も地名の〝荒井〟ではなく、〝新井〟踏切となっているのと共通する。昭和四十年代の中央自動車道の建設により北側からの繋がりは削られ、猪の鼻山だけが孤立したように残った。さらに圏央道八王子ジャンクションの建設にともない、猪の鼻山の山頂が削られたため、往時の姿からは大きく変わっている。

第二節　銃撃の時

四機のＰ51、二回以上満員列車を銃撃

走行している四一九列車を発見したＰ51は、列車を追いかけてきました。近づいてきたその飛行音、機影にどの車両でも乗客が気づき、「敵機だ！」、「空襲だ！」、「来た！」など大声を出したため、車内は騒然としました。間もなくＰ51は高尾山方向から右旋回しながら急降下。最初は機関車に、二回目は客車に銃撃を浴びせかけました。しかし、「満員列車内の乗客は身動きできず、うめき声をあげ、頭を下げて重なり合うことしかできませんでした」（石井竹雄さん）。急ブレーキがかけられたため、列車は急速に速度を落とし、煙を出しながら機関車と客車一両半がトンネルに入ったところで「悲鳴のような極限の金属音を振り絞って」停車しました。ロケット弾も発射したといわれていますが、列車には当たりませんでした。

この銃撃について、当日のアメリカ軍の資料「作戦任務報告書」には、４６２戦隊のＰ51が「八王子から西に向かう一両の列車に対し、トンネルに入るまで二度の攻撃を加えた」とあります。この戦隊のパイロットだったジョン・

ジョセフ・グラント大尉は、妻宛の手紙で、機関車を狙った自分の銃撃は命中して青い火花が出た、一八〇度旋回してもう一度狙おうとしたところ、列車はトンネルにたどり着いて止まっていて、列車の上を通った時、民間人らしき人達が走って逃げていくのが見えたので撃たなかったと述べています。ちなみにP51や艦載機にはガンカメラ（銃撃をしようとすると自動的に銃撃の撮影が行われるフィルムカメラ）が搭載されていましたが、この時の映像は確認されていません。

　銃撃はグラント大尉とその四機編隊が二回行いましたが（旧立川市役所屋上の防空監視哨から監視哨員がこの銃撃を目撃。その一人、霧生正夫さんは日記に機数を「四機」と記入）、森正蔵さんは二回目の銃撃後に林に逃げ込んでからも銃撃があったとしており、別の編隊が三回目以降の銃撃をしたのかもしれません。

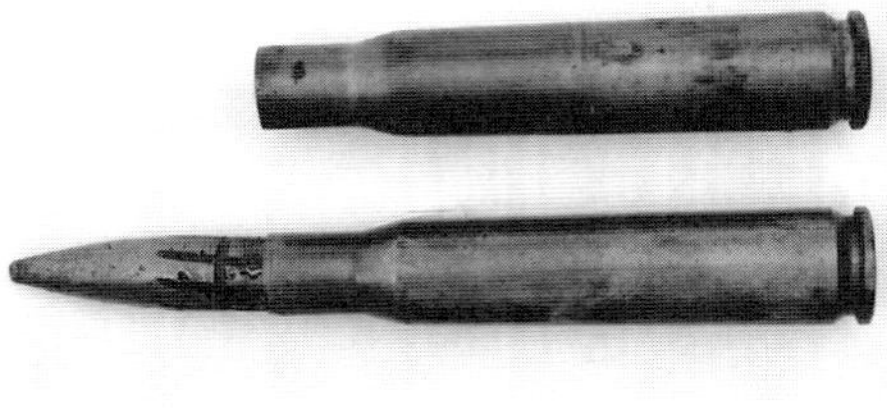

P51に装着されていた12.7ミリ機関銃の銃弾（八王子市郷土資料館提供）

　また、列車全体がトンネルに入らずに停車したのは、運転士が非常ブレーキをかけたこと（深沢隆機関助手見習いは、竹井機関士が「来た！」と叫んで非常ブレーキをかけた、と述べています）と、銃撃で高圧線、トロリー線が切れたためでした（国鉄資料）。乗客の守矢日出男さんも「開け放った窓の外に、線路と並んで走る電線がビンビンと音をたてて千切れ、蛇のように空に踊った」と記しています。

　そして五二名という犠牲者を出したのは、銃撃の回数とともに、超満員だったことが最大の理由でした。

トンネルに入った機関車一、二両目

最初の銃撃を受けた時、機関車内の運転台では、非常ブレーキをかけた竹井機関士が一人でバタバタして扉の陰に隠れ、深沢機関士見習いも、小尾助士、河野教習生とともに機関車の中に飛び込んで伏せました。列車が止まると彼らは機関車の前方デッキに出て、連結器から線路に飛び降り、銃撃で左腕内側から出血、足も負傷した深沢機関助手見習いの手当てにあたりました。

　客車の一両目も最初の銃撃を受けており、細川繁忠さんは下半身に大けがを負っています。列車を降りてトンネル内に逃げ込んだ新居誠治さん（一九歳）は、線路に落ちたため、腕とももを轢かれた人から「坊や、助けてくれ」と声をかけられました。

小松八郎さんは銃撃の瞬間、目を閉じ、ハッとして目を開けると真っ暗で一瞬死んだかと思いましたが、それは乗っていた二両目がトンネルの中に入ったからでした。二両目と三両目をつなぐデッキ部分にいた石井竹雄さんによれば、この部分はちょうどトンネルの入口に位置していました。

二両目に乗車していた鈴木美良さんがいたのはトンネルへ五、六メートル入った所で、乗客はトンネルの外へ出ようとしましたが、Ｐ51の機銃掃射は「いっそう盛んとなり、トンネル外の三両目より後部は集中攻撃のまととなった。銃撃音に続いて、大きな悲鳴のくりかえしが数回、周期的にあった。その時間の長く感じたこと。（中略）。さいごにドカンという大音響があり」終わった、とトンネル内から見た状況を記しています。

二度目の銃撃後、走って北の山畑や山林へ

トンネルに入らなかった三両目以降の車両では、一回目の銃撃で騒然とし、乗客は次に備えて防備をしたり、車外に出ようとしましたが、走行中の上、満員で身動きがとれませんでした。列車が急停車した時、デッキにいた大神田三夫さんは開け放たれていたドアからシャンパンの栓を抜いたように、半自動的に車外にはじき出され、草が茂る土手の斜面に飛び降り、身を伏せました。

古田晁さんが、原稿を膝の上に広げてうつむき加減に読んでいたところ、不意に血潮が飛び散って、原稿を赤く濡らし、その瞬間、前につんのめって身を伏せました。彼の席の肘掛けに身を伏せていた男は、頭を機銃で貫かれ、即死しました。

新居誠二さんもこの車両にいたのでしょう。すぐ脇にいた兵士（伍長）は立ち上がったとたんに撃たれて倒れました。傍にいたごま塩頭の五七、八歳の男性もつり革につかまったところを撃たれ、つかまった手を軸にしてくるっと

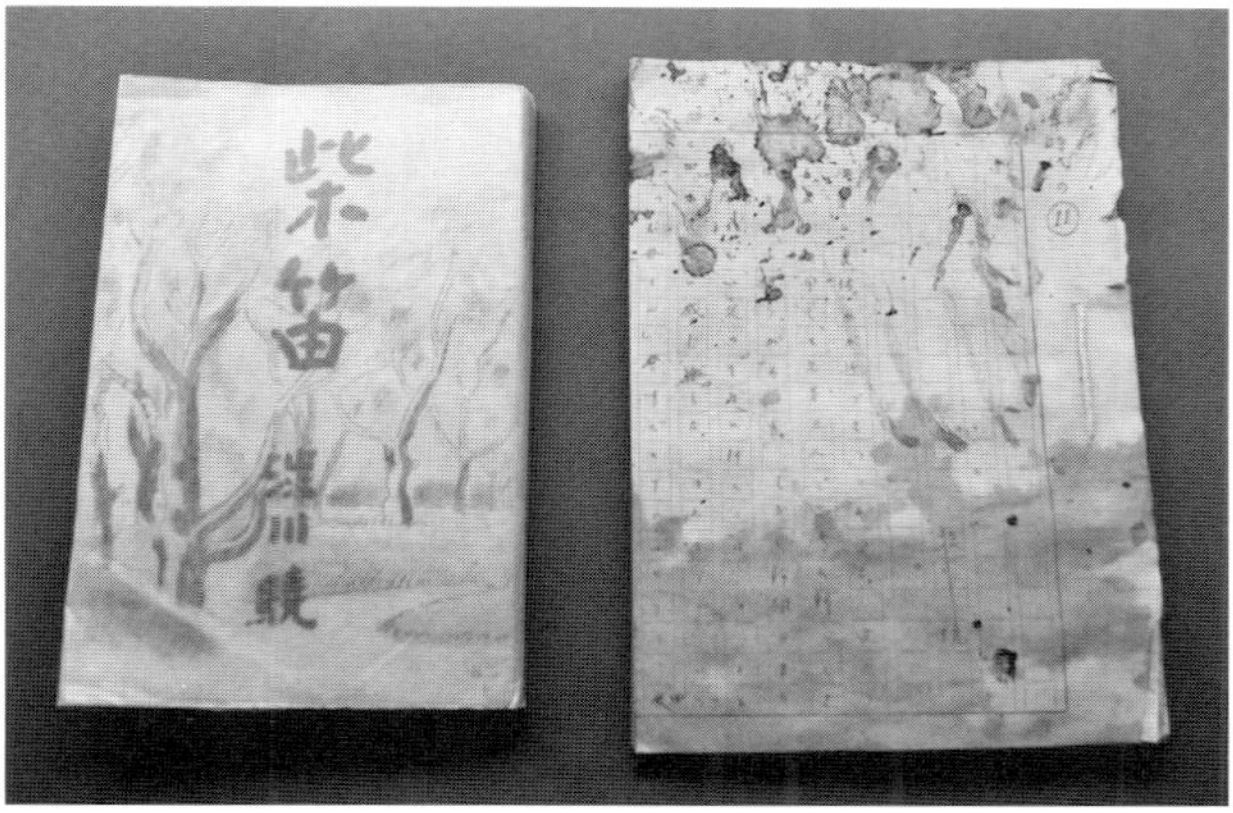

吉田晁の血染めの原稿（塩尻市立古田晁記念館蔵）

回って倒れました。車外に出てトンネル内に退避した新居さんがやがて荷物を取りに戻ってみると、その男性は四つんばいになって亡くなっていました。

小林十三三さんと青木孝司さんの二人が並んで座っていたのも三両目だったようです。二人は一回目の銃撃は見ていましたが、二回目の銃撃が始まった時、小林さんはとっさに背中に斜めに背負っていた鉄兜を頭にかぶり、顎ひもを一回結びました。その瞬間、三回目の銃撃で弾丸は鉄兜を射抜いて頭の右側を通り、顎ひもも切れました。右手の人差し指は第一関節から、中指は根元から吹き飛ばされました。隣にいた青木さんは立とうとした瞬間に腹部を打たれ、内蔵がドバッと出て、前のめりに倒れました。小林さんはその上をまたいで車外に出て、急な坂を上がって隠れ、右手で木につかまって止血をしようとしましたが、血は体を伝わって靴の中に入り、血でがぼがぼになったそうです。

谷内忠良さんも最初の銃撃の後、腰掛けの板を窓際に立てかけ、荷物を頭の上において生きた心持ちがしないまま、二、三分後、二回目の機銃掃射を受けました。「ちょうど網棚のすぐ下のガラス窓からななめに通路に向って銃撃され、満員と疎開荷物で身動きもできない状態で、車外に逃れる事もできなかった。（中略）今か今かと必死の思いで敵機が去るのを待ち続けた。この数秒間のでき事が非常に長く感じた。この時は死傷者を確認する余裕もなく、窓から外にとび出るのが精一杯だった」と記しています。

そしてトンネル傍の崖を這い上がり畑に出ました。

中央自動車道開通によって、北側の山稜はその景観を大きく変えましたが、当時は畑をはさんで山が線路に迫り、山間からは〝から沢〟が流れて来ていました。前方の車両の乗客は土手を這い上がり、畑やその先の山林へ逃げ込みました。山林に逃げ込んだ一人が森正蔵さんです。

彼は機銃掃射が始まると姿勢を低くして、手に持っていた鉄兜をかぶり、鉄兜の庇の下から四機のＰ51が南側から来て、横なぐりに機銃掃射を浴びせているのを確認しました。森さんは次のように書いています。

僕の傍には嬰児を背負った女がつっ立ち車両と車両の繋ぎめの鋼鉄の壁を背にしているが、背の子供を守ろうと苦心している。また、僕の傍に伏せた年寄りの男がいた。これは体全体をがたがたと震わしている。江口は便所の扉の下にしゃがんでいるらしいが、僕のところからよく見えない。

敵機は一たん列車の右側に抜け、また転回して左側から第二次の攻撃をかけてきた。車室からの絶叫は間断なく聞こえる。この一次と二次の攻撃の間隔は短く、三、四十秒と思われたが、その間に列車は止まった。

森さんは、列車の停止前後には危険と判断して、敵機の爆音がかなり遠くに去ったことが感じられてから、すでに飛び降りて転んでいる老人や線路の側溝に伏せている一五、六歳の若者の頭上を越えて飛び降りました。土手を登り、麦畑を走って雑木林に入り、さらに小道に沿ってなお走り、水の涸れた川の窪みに入りました。そこには後から後から乗客がやって来たそうです。そのうちに三回目の銃撃が始まり、森さんのいる所にも飛行機の爆音と銃声が頻りに聞こえてきました。すぐ傍の樹林を通る人々が足場の安全をはかろうとして樹林の幹につかまり、その度毎に樹林が揺れるので、上空からこれを見たら、人間がひそんでいることを知られてしまうかもしれないと、彼らに細い木の幹につかまってはいけないと叫びました。川の窪みにいる人達は、同伴者の死や隣席の者の負傷など惨胆たる話ばかりをしていました。

最後尾の車両の角南利三さんは、兵隊が相当乗っていたと語ります。その一人が宇野七郎さんでした。銃撃とともに座席で背のうを頭に載せ、姿勢を低くするしかなく、再び銃撃をしてきた時には一瞬火が出たように見えました。全塵が車内に立ち込め、誰かが「火事だ」と叫んだので、全員に退避を命じて、窓から右手の方向に飛び降りて、山の中にばらばらになって退避しました。

〝から沢〟へ退避

後方の車両の乗客の中には、線路の下を流れる〝から沢〟に逃げ込んだ人々も数多くいました。その一人、二木金三郎さんはかなり後ろの車両のデッキにいて、のんびり思い出にふけっていました。

突然、先ほどの旅なれた人が空を見上げながら、「来るぞ」と悲痛な声をあげました。「はっ」として空を見上げるとバラバラと花びらが散るようにブラインドがこわれて後方に飛んで行くのが見えました。同時に「パンパンパン」と息をつけぬほどの激しさで機関砲弾の破裂する音が耳もとで響きました。一瞬の間にまわりは戦場のようになりました。人々の絶叫が客車内より起こり、デッキに立つ人々は外へ押し出されんばかりですが、まだ列車は止まりません。線路の両側は低く傾斜しているので、高いデッキから飛び降りることもできず、口々にいらだたしげに叫ぶばかりです。前方を見ると電気機関車のあたりからもくもくと白煙があがり、トンネルに頭を突っ込むようにして列車はやっと止まりました。敵機の銃撃は絶え間なく響き、両側の山にこだましていんいんと聞こえ、列車から飛び降りた私はとっさの判断がつかず列車の下に取り敢えずもぐり込み、トンネルまで逃げることは無理と考え、そこをでて線路脇にある側溝にうつ伏せになりました。すぐ近くで「沢があるからそこに入れ」と怒鳴る人があり、そちらの方が安全と思われたので、銃声のあい間をみて、そばのヤブの中に飛び込みました。そこには幅二、三メートルの沢があり底は見えないが人の叫ぶ声が下から聞こえたので、深さもはからず飛び降りました。底は水はかれてありませんが、角のとがった石がごろごろしていて、丈夫な軍隊靴のゴムの部分の縫い目が切れてパックリと口をあけていました。しかし、飛び降りて立ち上がる間もなく人々が降るように次から次と私の上に飛び降りてくるので立ち上がることもできず軍帽もどこかにふっ飛び土手の赤土で泥まみれになってしまいましたが、飛び降りた人はつまらぬ怪我をしないですんだことと思います。
沢は思ったより深さがあり私が立っていてもまだ一メートル近い余裕があったように思いました。（中略）
人々は沢の土手にへた《（ママ）》ばりついて顔を手でおおい、ただただ一刻も早い敵機が去るのを祈るかのようです。ヤブの草がブスブスいぶるように燃え、えい光弾によるものかきれいな花火のように破裂する弾もありました。血生ぐさい臭いも鼻をつきます。
　まわりに難を避けている人の中には、白いシャツの背中にベットリと血を浴びている人、逃げる途中ヤブの中で衣類を破いてしまった人などが多く見受けられました。暑い最中で女性は薄着の人が多いせいか、目につきました。皆身動きせずじっと恐怖に耐えていま

乗客が逃げ込んだ“から沢”
トンネル北側の谷間から小仏川に流れ出る沢を地元では“から沢”と呼んでいる。中央線の線路から河床までは10メートル近く、沢の幅は２、３メートルある。沢の落差は大きく、水の流れは急である。中央自動車道の建設時に河床や護岸はコンクリート化され、流れも多少変えられたと推定されるため、往時の姿そのままではないが、レンガ作りの橋脚に建設時の姿をとどめる。

す。

即死した幡野すみ子さん達と背中合わせに座っていた守矢日出男さんも、〝から沢〟に退避した一人でした。

「敵機だ！」すぐ前の男が叫ぶのを聞いて、本を読んでいた私はギクッとして窓を見た。来た。南側の山の稜線のすれすれに数機の姿があった。……バリバリ、第一撃が来た。列車がググーッと止まった。開け放った窓の外に、線路と並んで走る電線がビンビンと音をたてて千切れ、蛇のように空に踊った。敵は次々とつっこむらしい。私は顔をふせた。やけに落ち着いた。とたんに背中に何かぶつかった。ピリッとしたが大丈夫らしい。しきりにバリバリとくる。キャッとかウーンとか悲鳴が周囲で湧く。硝煙の匂いが鼻をつく。窓の外には一面に土煙が上がっている。（中略）うまい瞬間があった。誰がどうなっているのかわからない。窓枠に手をかけると、一気に下へ飛び降りた。そこから下の畑へとび、数米を走って、近い狭い谷へとびこんだ。途端にまたバリバリときた。着ていた白いシャツを脱いで上半身裸になった。目標になってはと思ったのだ。息がぜいぜいする。這うようにして、じりじりと鉄橋の方へのぼった。「オーイ、谷へ逃げろ」という声がする。小さな鉄橋をくぐって上へあがると、谷底に大勢の人が避難しており、負傷者がうめき声をあげ傷口から真っ赤な血を流している人もいる。人の血を浴びて真っ赤になった人もいる。兵隊が大勢いて、しきりに動くな動くなという。しばらくしゃがみこんでいた。

名取安治さんが乗った後ろから二両目は、ちょうど沢にかかる橋の上に停車していました。洗面所にいた彼はすぐに北側の乗降口から飛び下り、沢の下まで行って谷の崖にへばりついていました。

上空が静かになった頃、誰言うとなく「もう大丈夫だろう」とのことばに、一人また一人と恐る恐る立ち上がりました。井上匡二さんによれば、この狭い沢が人でいっぱいになっているのを見て、「いつどのようにしてこれだけの人達が入ったのかと皆一様に驚いた」と言います。そして手足を触って助かったことを実感しました。

列車の下、車輪の陰、側溝に身を隠して

列車の陰に隠れた乗客も少なくありませんでした。

降旗昭次さんが乗った後ろから三両目は、一回目の銃撃は受けませんでした。P51のパイロットの顔が見える中、二回目の銃撃を受け、銃弾は列車の窓の下の側板から入ってきました。通路の床に伏せた降旗さんは、右こめかみ近

くを通った弾の回転の外周がかすり、顎紐ひもが切れました。

　しばらくすると、伏せた私の背中に人が乗りかかってきた。「伏せるならばもっと低所にすればよいのに」と思ったが、無我夢中だった私には、それをよける余裕はなかった。そのままの姿勢でじっと堪えていた。何回か銃撃が繰り返されていたが、その途中で飛行音の間隔が長く感じられた。「今だ」。私は車内より脱出するため、起き上がった。そのとたん、私の背に伏せていた人がゴロンと転がった。男の人だった。もう息はなかった。思わず、「ぎょっ」としたが、それにかまう余裕もなく列車の窓から飛び降りた。随分高かったが、若かった私は足を痛めることなく、すぐ道床の側面に身を伏せた。また一機が飛来し、軽く銃撃して去っていった。

　星野コトさんは生まれたばかりの三男を背負って窓から飛び降り、列車の下に隠れました。

　車内に入ることができなかった萩原さん兄妹は、この車両のデッキにいたのでしょう。銃撃とともに床に伏せました。弾丸は鰯が飛ぶように銀色の線を引いて、顔の横を「ふわっ」と瞬間熱くして飛び、次々に人が折り重なって倒れ、薩摩芋の大きなリュックを背負ったおばあさんが身体の上で死にました。何が何だか分からなくなって「私は死んだ……」と思いましたが、飛行機が反転するわずかの間に身体を動かして、死体の中から這い出し、一面、肉片やはらわたが飛び散っている車内のデッキから線路に飛び降りて、素早く列車の下にもぐり込みました。三回目の銃撃の間、車輪の陰に隠れて、「御先祖様のおばあちゃん……助けて下さい」と、ひたすら言い続けて祈ったそうです。

退避中に銃弾をあびて

退避中に負傷する人もいて、森さんは最初の銃撃後に車外に出て撃たれたという人がかなりいたと記しています。

　高橋通子さんはデッキからちょっと入った通路に立っていました。銃撃で白い煙が列車内に立ちこめたのを機に、「列車から離れろ、逃げろ」という声がしたため、乗客は列車を降りて線路沿いの木の茂みに走りました。彼女も降り、他の乗客と同じように茂みに走りました。その間、列車の屋根すれすれに飛んでいるＰ51とパイロットの姿を見ています。そしてまた銃撃。

　私は一瞬焼火箸でシューと押しつけられたという感じを受けた。しかしそのままやぶの中まで走った。そこには沢山の人が避難をして身を伏せていた。又数秒後ダダダという音、そばにいた男の人が私におおいかぶさってくれたのをおぼえている。それからどの位時間がたったのであろうか、もう大丈夫という声で皆は立ち上がったが私は立ち上がれなかった。そばにいた人に「足をやられた」といったらその人は布で止血をしてくれた。しかしあとになって気が付いた時は全然違う所を負傷していたのであった。右の大腿の内側より外側に一発、左のお尻の下側より大腿の外側に一発、左のふくらはぎの内側に一発、三発の機銃掃射を受けていたのである。

最後尾

最後尾の車両にいた人達は〝から沢〟にかかる橋から離れていたこともあるのでしょうか、山の中へ、あるいは角南利三さんのように小仏川まで逃げました。また、角南さんはロケット弾が〝燃えている〟のを見ています。

角南さんの妻は最初の銃撃で腹ばいになって長女を腹の下にかばい、利三さんは妻の背の上に座席シートを載せました。二回目の銃撃で、妻の隣にいた兵士が鮮血に染まって死亡。その血が流れて長女を背負った白木綿の帯をベットリと紅に染めました。次の銃撃がこないうちに車内から脱出しようと、三人で最後尾に行きました。地上で焼夷弾らしいものが燃えているので、横の扉を開けて列車から飛び降り、三、四メートル走って畑の中に入り、用意してきた唐草模様の大風呂敷を広げてカムフラージュして、その下にかくれました。しばらくして風呂敷を被ったまま一気に山を駆け下りて、小川の橋の下に逃げこんで、やっと蘇生の思いをしました。

銃撃後、動けなかった女性たち

銃撃後、気付いた時には死者、動けない負傷者を除いて車内に誰もいなかったという女性もいます。何人かは家族、同僚、友人、さらに乗客の死を目の前で見ています。

たとえば四両目か五両目に乗っていたらしい坊城さんは、「空襲」の叫びにうずくまろうとしましたが、皆が先にうずくまっていて、人の背中に乗るだけでした。「同時にバラバラと雨が降るような音と共に火の玉が降ってきた。（中略）何か色々のものが私の目に入ってきた。高く振り上げた手からザーッと血が吹きだしてその手はブルブルとふるえていた。ワッとのけぞった顔が喰いつきそうに大きな口を開けた」と記しています。合間を見て乗客が逃げ出したのに対して、彼女は座席の下に頭を突っ込んでいるだけでした。

黒柳美恵子さんは銃撃の瞬間、向かい合わせに座っていた姉の良子さんとお互いに顔を伏せました。美恵子さんは良子さんが「美恵子！」と呼んだのを聞いたといいます。少し静かになってから起き上がってみると、良子さんは後頭部を撃ち抜かれて即死、車内には誰もいませんでした。車外に出ると、まだ列車にいた方がいいと言う人がいて、列車の下にもぐり込みました。服は白と紺の絣が見えないほどの血を浴びていました。

磯部澄枝さんは、目の前に座る幡野さんと中田智和ちゃんの死を目撃します。近くには警察官の制服を着ていた手島国男さんもいました。

浅川駅で二歳位の子供を窓からたのまれて、幡野すみ子さんがだっこし、私がいい子いい子とあやしていました。低空飛行で来た一機から操縦士の顔が見えます。突然、光がこっちの方へきたと思った瞬間、子供の指が三本根元からとんでしまい、私がウワーと叫び声をあげたので、みんながあわてだし、ギュウギュウづめの車内は大騒ぎになりました。椅子から降りてみんなしゃがみこみ、私ももう駄目かなあと心の中でそう思いました。坊やは死んだのか泣き声もしませんでした。（中略）飛行機の音が小さくなり、また、きっとくるぞ……こないうちに早く……椅子を窓口に立てかけて、みんなは床に伏せました。私と幡野すみ子さんは頭と足を交互により添って伏せました。しばらくして飛行機は湯の花トンネルの上を旋回してまたきました。今度の機銃はものすごいものでした。バリバリバリバリ、青竹をさくような音、後で赤ちゃんの泣き声がします。おかあさんがひざをついて子供の背中を叩いていています。すると隣のおじいさんが動いているものを的に撃ってくるから、どうにかしろとどなっています。私はどうにもならないのになあとその母親が可愛そうになりました。バリバリの音を聞きたくない私は小指を思い切り両耳につっこんでもうひと思いに……と覚悟してました。しばらくしてP51は去り静かになりました。

第三章　惨状の中の救護活動、犠牲者の収容

第一節　車内の惨状

惨劇の車内

　Ｐ51が飛び去った後、四一九列車は機関車と先頭の一、二両目がトンネル内に入ったまま、客車が窓の下を射抜かれ、黒褐色の車内に不似合いな真新しい木肌を見せた弾痕が、定規を当てたように一列になってずっと向こうまで続いた姿で止まっていました。車内には即死者や重傷者が横たわり、放心状態や恐怖のため、列車から脱出できない人達が残されていました。荷物は散乱し、大きさもさまざまな肉片が座席、壁、天井に飛び散り、床は足の踏み場もないほどすさまじい血の海で、ぬるぬるして歩きにくい所すらありました。

　また、列車の北側にも車輪の陰になるようにして、さらに車輪にしがみついて死直前の苦しみにあえぐ人達が数人、重苦しいうなり声をあげ、胸のあたりから黒い血液をどくどく吹き出すように流していました。車内に残っていた坊城さんも「リュックを背負って出口に出て驚いた。線路には沢山の人が列車の長さほどに倒れていた。（中略）列車の下にも沢山倒れていた。〝お父さん、お父さん、しっかりして〟と叫んでいた女の人の声を今でもはっきりと覚えている」と記しています。

　銃撃にさらされた客車のうち、前から三両目が最もひどかったといわれています。幡野すみ子さんと中田智和ちゃん、さらに手島国男さんらが凄惨な姿で亡くなっていたのも三両目だったのかもしれません。Ｐ51が去って静かになると、磯部さんは声をかけました。

「幡野さん、いっちゃったよ」と言いながら足を叩き、起き上がりながら彼女の手を見ると、指がとんでありませんでした。返事をしないので、ひょいと見ると、三つ編みの両髪の間から大脳が飛び出してすでに息たえておりました。

　さっきまで騒いでいたおじいさんもやられて目を開き、口をあいて怖い顔で死んでいました。母子は助

かったようでしたがほんとうはわかりません。その後では警官が大腿部をやられて足がありませんし、その傷口は大根を包丁で切ったようなスパッと見事に切れてました。又、胸に弾があたって死んで行く人、体に二ヶ所も傷を受けてみるみる青ざめて死ぬ人、ああいうのはまさに地獄です。(中略)

車内から外へ出ようと思ってもなかなか出られませんでした。トマトの熟したような肉片の塊があちこちにちらばっていて、椅子と床を交互に上がったり下がったりしながらやっと外に出ました。

中田智和ちゃんの父親の春吉さんも、列車に入ってみると「子供は口と鼻を吹き飛ばされて床の上にあお向けになって死んでおり、抱いていた人は頭を撃たれてその上に折り重なるようにして死んでいた。あまりの驚きに涙もでなかった」と記しています。

守矢日出男さんが退避した〝から沢〟から線路に上がり、弁当を取ろうと列車内に入って見た光景も同じでした。

畑をつっきった隅に車両の入り口があった。そこへとりつき車内に入った途端、目の前の凄惨な光景に思わず目をそむけた。すぐ入り口の床に女の人が子供を抱いたままころがっていた。頭が石榴のように割れ、白い脳があふれだしている。子供は鼻から口にかけてけずりとられているらしい。それだけではなかった。すぐ次に若い娘さんが転がっていた。私の横に立っていた女性である。腹をやられている。青い上衣に真っ赤な血がにじみ出ていた。目をつむったまま手をにぎりしめて力のない声で何かを叫ぶとまたぐったりとしてしまった。銃撃中、私の背中を打ったのはどちらかの手であったのかもしれない。

現場に駆けつけた浅川国民学校上長房分教場の訓導(先生)の寺原秀雄さん(四二歳)は、その惨状に一人で列車に入ることをためらいました。やがて来た地元の住民と一緒に後部から二両目の車に足を踏み入れると、車内は死傷者で文字通り血の海と化し、二目と見られない悲惨な光景を呈していました。ここに大勢乗り込んでいた軍人は、即死している者、ひざを射抜かれて立てないでいる者、ハラワタの出ている者、腕の関節を撃たれている者などいろいろでした。機銃弾は撃たれた部分は目立ちませんが、出口の部分はちょうどザクロのハゼたように無惨な穴が開くのが普通で、ハラワタが出ているのは背中から撃たれたからでした。

母親と思われる女性と頭を射抜かれた子どもの姿は、多くの方が目にしました。

荷物を取りに車内に戻った名取安治さんは、軍刀を両足の間に立てて文えにして座っていた兵隊が、肩から腰にかけて弾が貫通して、そのままの姿で亡くなっている姿とともに、頭を吹き飛ばされた子どもを背負った女性が車内を右往左往しているのを見ています。寺原さんは「五つぐらいのかわいい男の子を連れた若い母親が、ちょうどお昼の弁当をひろげていた時やられたらしく子供だけが射抜かれて死亡し、母親が半狂乱になって泣き叫んでいるのは一しお哀れを誘った」と記し、井上匡二さんも真っ赤に染まった子どもを抱きかかえて泣き叫んでいる母親を見ています。浅川町落合地区の青木武さんも、旧甲州街道から現場へ歩いて行った所、新井踏切の方から頭のない子どもを背負った女性が下ってくるのと出会ったといいます。しかし、この母子が中田智和ちゃんと母親のヨシノさんなのか、まったく別の子どもを亡くした母親なのかは分かりません。

荷物室の乗務員室にいた車掌の丹野玉子さんは、機関士の無事を確認するために車内を通って機関車へ向かいました。三両目あたりがひどく、血みどろで、倒れている人、わめいている人がいる中を機関車に辿り着き、機関士の無事を確認しました。車掌になったばかり、恐ろしくてパニック状態、マニュアルもなく、乗客にどのように対応していいのか分からなかったそうです。その後、新宿駅に戻り、事故報告をしましたが、ショックからどのように帰ったのか思い出せないほどでした。

第二節　救護活動

救護活動の開始

湯の花トンネルは、高尾山北側の荒井と摺指（当時は南多摩郡浅川町上長房、現在は八王子市裏高尾町）の間にあります。この一帯は旧甲州街道と中央本線、小仏川に沿って、小仏関所付近の駒木野、荒井、摺指、小仏と小仏峠にかけて人口二〇〇人から三〇〇人規模の集落が東西に細長く続いていました。

住民にとってP51の空襲は初めての経験でした。低空で物凄い急降下音とともに繰り返される銃撃に、人々は防空壕や家の押入れの中、縁側の下など、物陰に隠れてひたすら終わるのを待ちました。小仏川で水浴びをしている子ども達もいました。列車が銃撃されているのが見えなかった人は、自分が狙われるのではと、気が気ではありませんでした。銃撃が終わった時、急降下の衝撃波で家々の軒先につるしていた籠の中のかきもちや卵が落ちたり、家の天井からすすが落ちたりしていました。

まもなく乗客が新井踏切から〝から沢〟沿いの道を下って、峯尾丑太郎さんの家など、荒井の集落に助けを求めてきました。丑太郎さんの娘の八重子さんは隣のおばあさんと二人で、足を負傷した女性をリヤカーですぐに小林病院（現・駒木野病院）に運びました。

峯尾さんの家から少し西に行った小仏川べりには中島飛行機浅川地下工場の厚生課産報係配給班の倉庫がありました。配給係の榎本春吉さんと学徒勤労動員で動員された光生中学校（戦後廃校）二年生の熊谷孝雄さん、川井修治さん、三宅修さんら数人が、八王子空襲で焼け残った缶詰をトラックで運んできて収納した後、小仏川でその缶詰を昼食にし、昼休みにしていたところでした。

銃撃後、榎本さんは薬莢でも拾いに行こうと隠れていた倉庫から線路の方に向かうと、助けを求めて下りて来た人々と出会い、貫通銃創を負ったらしく軍刀を杖にしてよろよろとしていた兵隊（軍曹）から「列車の中にはけが人がいっぱいいるから助けてやってくれ」と言われました。列車でその惨状を確認してから倉庫に戻り、管理係の上野亀太郎さん（四〇歳）や小川知巳さん、さらには光生中学校の生徒たちに声をかけて現場に向かいました。

しかし、榎本さん達が列車に着いた時でも、列車の下には見習い少尉らしい軍人が軍刀を頭の上に載せてがたがた震えていて、飛行機が飛び去ったといっても出てこられず、蜘蛛の子を散らすように北側の山に駆け上っていく乗客がいるなど、空襲の恐怖心から逃れられない人達がいました。三宅さんも乗客が夢中で沢へ跳び下りていたり、恐怖に空ろになった顔つきで畑を駆け下りていくのを目撃しています。井上匡二さんも子どもや肉親を泣き叫びながら探し回る人、血だらけの体に抱きついて泣き叫ぶ人、真っ赤に染まった子どもを抱きかかえて泣き叫んでいる母親など、目を覆いたくなるようだったとも述べています。

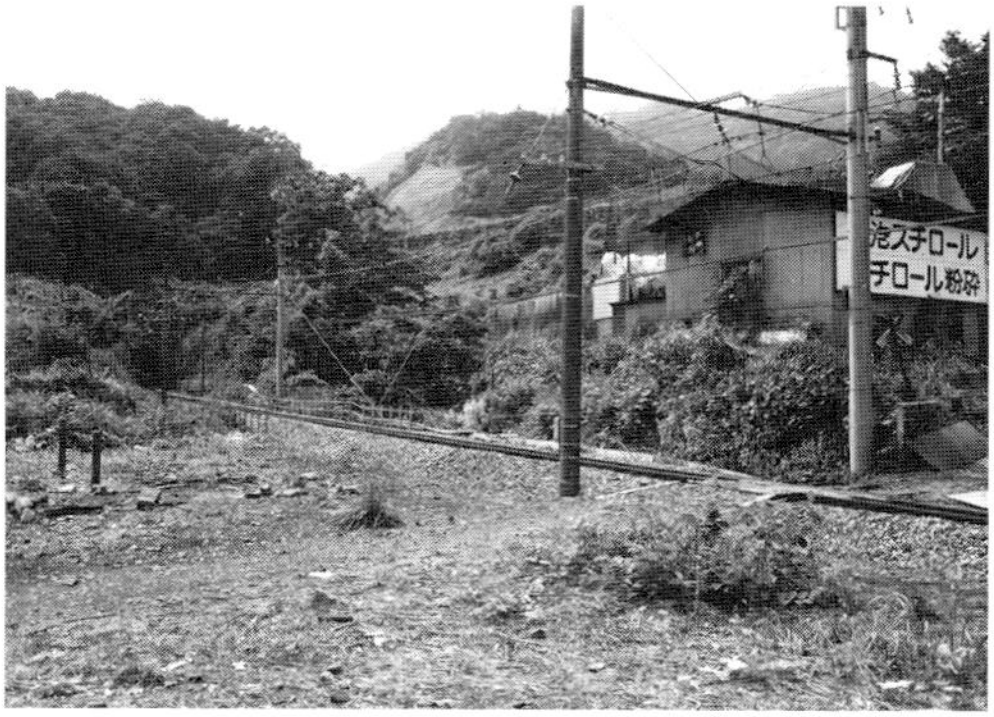

圏央道建設前の湯の花トンネルと新井踏切

一方、無事だった乗客も救護に乗り出しました。井上匡二さんが沢から上がって線路際の惨状に放心状態でいたと

419列車の停車状況と負傷者現地収容先

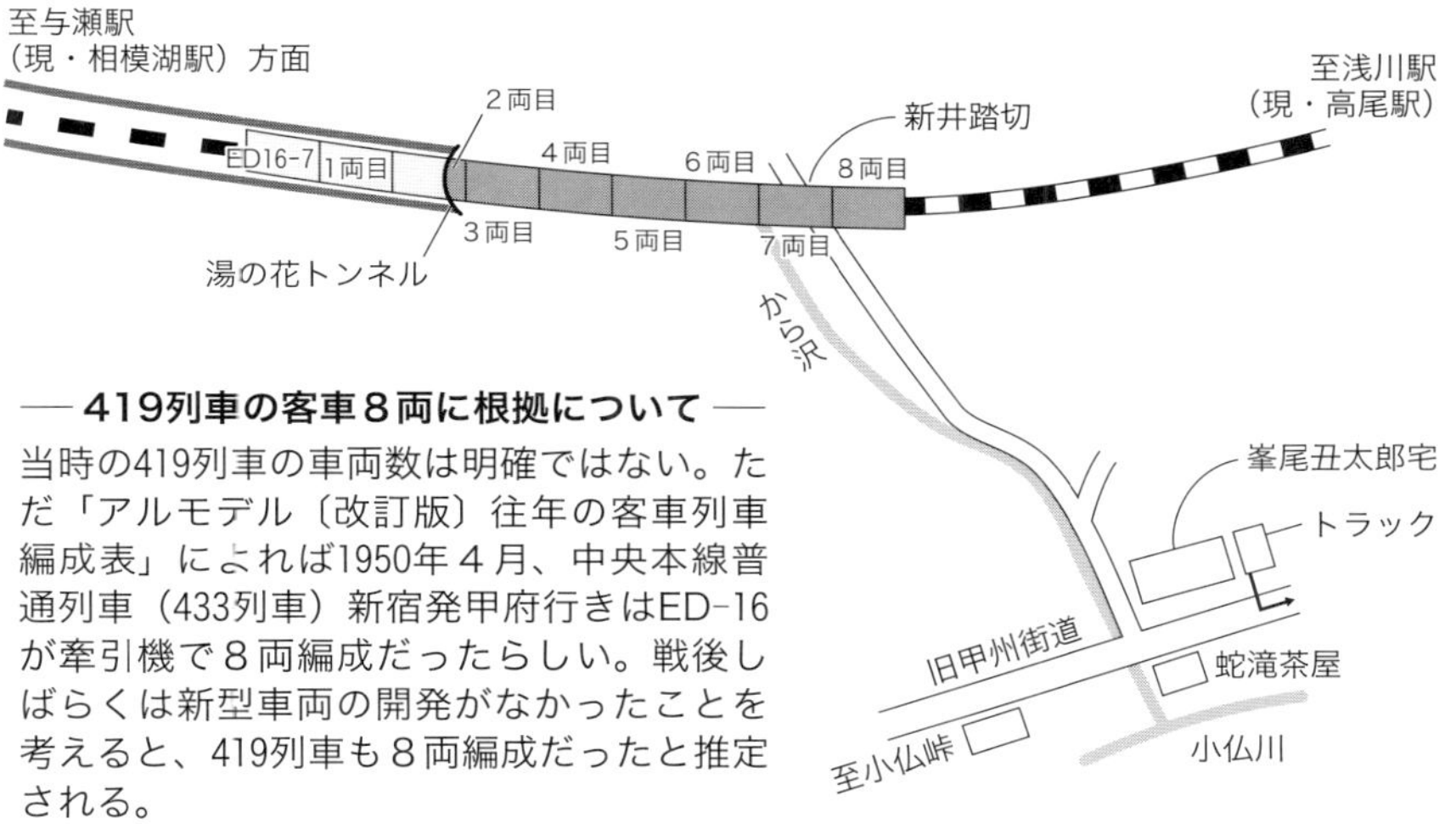

── 419列車の客車８両に根拠について ──

当時の419列車の車両数は明確ではない。ただ「アルモデル〔改訂版〕往年の客車列車編成表」によれば1950年４月、中央本線普通列車（433列車）新宿発甲府行きはED-16が牽引機で８両編成だったらしい。戦後しばらくは新型車両の開発がなかったことを考えると、419列車も８両編成だったと推定される。

ころ、陸軍の若い将校二人が負傷者の救護を呼びかけ、民家から戸板を借りてきてくれるよう言いました。井上さん達は戸板を借りてくると、車内にいる人達を救出するように兵隊から言われ、デッキに上がりました。そこで見たのは「生き地獄」でした。車内には恐怖のあまりペタリと座り込んでいる人や失神状態になっている人達がいたので、歩ける人は出口（デッキ）に誘導して降りてもらいました。

荒井地区、さらに周辺の集落の住民も続々と現場に駆けつけました。

峯尾丑太郎さん宅では一二枚、川村藤江さん宅では八枚の雨戸（戸板）が全部外され、現場に持ち込まれました。車両の前後のデッキや最後尾の連結器の上に戸板が置かれ、車内から運び出されてくる負傷者、死者が乗せられました。そして、二人一組、あるいは四人一組で沢沿い坂道を旧甲州街道の方へ運ばれ、峯尾丑太郎宅の庭先に置かれました。また、列車の周囲や北側の山林や沢の下でけがをした人達も運ばれてきました。

榎本さんによれば、坂道は途中で急坂になっていたため、前の者は肩でかつぎ、後ろの者は手を下にして持たないと戸板は水平にはならず、運搬に苦労したといいます。中には苦しさから戸板の上で暴れて落ちてしまう人もいました。また、トンネル内は狭く、負傷者を乗せた戸板を出す時も大変でした。

四人一組で負傷者を運んだ三宅さんは、倉庫の中にあった包帯や傷薬で治療にもあたった様子を記しています。

熊谷は二度上下してから手当ての手伝いをし、粉末の血止薬と包帯を扱ったという。機関砲が頬をかすめたため頬がそげた女性がいたが、いつまでも血が止まらなかったとか。川井修治の記憶では街道沿いの大きな石に赤ン坊を抱いて腰を下ろしていた婦人は、腰を射抜かれてザクロのようになっていたとか。さらに腰に下げていた弁当箱に弾が当たったが当人は怪我もなかったという人もいた。

このほか、無事だった大学生などにも手伝うように声がかけられ、守矢日出男さんは、手伝ってみて「死者の姿は無惨だった。焼死体をずいぶん見てきたが、もっとも生々しく凄まじいものに思われた」と記しています。山梨県南都留郡河口村（現・富士河口湖町）の実家に帰るところだった日本医科大学予科一年生の井出正彦さんは「兵隊だったかわからないが、持っていたマーキュロの原抹を一升ビンに入れて、沢の水で薄め治療に使った。包帯がなかったから、みなシャツを破り、ゲートルをはずして包帯がわりに使った」と記しています。

列車の中で助かりそうな負傷者を血まみれになりながら乗降口まで引き出していたのは、東京都西多摩郡福生町（現・福生市）の陸軍航空審査部の看護婦だった荒井の小林浪子さん（二三歳）でした。この日は非番で家にいて、列車が銃撃を受けたのではと感じて、止血に使えるように家中のひもを集めて腰につけて現場へと向かいました。七月二十八日、国鉄五日市線多摩川鉄橋上で、二〇九列車がＰ51の銃撃を受けた際、救護のために職場から駆けつけた経験からでした。

そしてから沢にかかる橋の手前で、乗降口から列車の中に入りました。最初に入った車両はひどくはありませんでしたが、次の車両はむごたらしい状況でした。床は血の海となっていて、歩くと血がくるぶしまで上がり、血の海を歩いたその感触を忘れたことはないといいます。彼女は負傷者がものが言えるかどうかを確認し、手や足を負傷していれば、持ってきたひもやその人の服でしばって止血をしました。そして乗客を車内から乗降口まで引きずっていって、戸板に乗せました。同じように救助にあたった井上さんは、身動きしない人達を狭い車内から出すのは重く、夏なので薄着のため持つ所もなく、血潮や汗で手がすべって大変だったと述べています。

頭を頭蓋骨ごと持っていかれて顔の皮だけが残っていた

女性の遺体（犠牲者の一人だった佐藤英子さんか）や、子どもを抱いたまま息絶えていた母親などの姿は今でも鮮烈に彼女の記憶にあるといいます。子どもはねんねこにくるまって泣いており、彼女はその子を誰かに預けました。着ていた黒のブラウスは、けが人を抱きかかえてくるためベットリ血がつきましたが、そんなことにはかまわず、とにかく助けなければという気持ちで無我夢中で救護を続けました。

町をあげての救護活動

列車が銃撃を受けたことを浅川駅や浅川町役場、駐在所などに知らせたのは峯尾宅から東に二軒ほど隣に住む岸金八さんでした。現場にすぐに駆けつけたものの、惨状に何から手をつけていいのか分からないままでいると、制服姿の人から駅に知らせてほしいと頼まれたので、自宅の物置から自転車を引っ張りだして、浅川駅に向かいました。

知らせを受けた浅川町役場の庶務主任だった設楽政治さん（三九歳）は、甲州街道で通りかかったトラックを止めて乗り込み、現場まで駆けつけました。

> 各車両は縦横に射撃され、車両の中は鮮血だらけ、五体無傷の者は車から外に逃げ出し、負傷者と死亡した者が車内に残って、その様相は筆に（ママ）は尽くせない惨状であった。車内から山に這い上がって射たれた者も数多くあった。
>
> 地元の警防団員が集まってきたので、第一に負傷者の収容から始めた。雨戸を借りて来てこれに乗せて運び出した。「助けてくれ」と叫ぶ声、苦しむ呻吟の声、泣き叫ぶ女や子供の声、修羅の巷とはこの様な状態をいうのであろう。
>
> 負傷者の軽重も判らないので、片っ端から戸板に乗せて運び出すのであるが、足にしがみついて離さないので、身動きが出来なくなったのには閉口した。

駆けつけた浅川町警防団員（当時の登録上は五二四名）の救護活動について、浅川町の「昭和二十年　事務報告書」には該当地区の警防団員をはじめ、全町の団員が出動し、応急手当や救助輸送に尽力し「万全ヲ期シタリ」と記されています。

現場では設楽さんや派出所の吉田巡査部長が救護活動を指揮しましたが、一方で自宅から二十分ほどかけて駆けつけた山崎由雄さん（二四歳・農業）はその混乱ぶりを「何から手をつけてよいかさっぱり分からない。警防団、消防団の人たちの救出作業が始まっていたが、一瞬にしてこの惨状では、救出作業もなかなか進まないようであった」と述べています。

裏高尾町（当時は浅川町上長房）の関係個所概略図

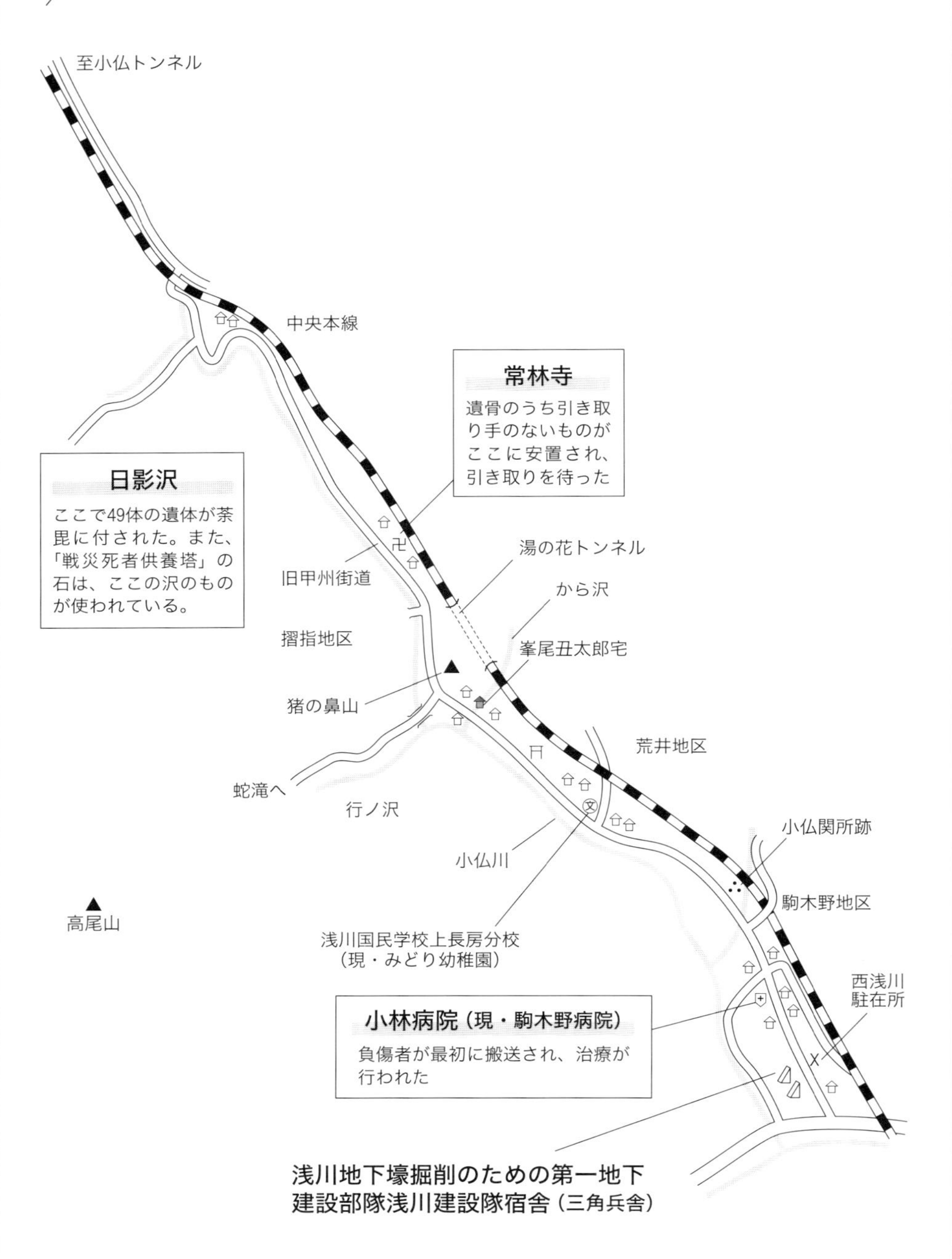

負傷者、そして死亡者の収容先となったのは、峯尾丑太郎さん宅の東側の庭でした。峯尾宅では、昭和十年代まで高尾山の北側にある蛇滝の修行者などを対象に「蛇滝茶屋」を営んでいました。丑太郎さんの娘の八重子さんが負傷した女性をリヤカーに乗せて、小林病院に運んで行って戻ってくると、家のまわりには黒山のような人だかりができていて、トラックは家の東隣の芋畑に乗り付けて、負傷者を乗せていました。

八重子さんの妹の典子さんは、家にあったお客用の浴衣をビリビリと破いて包帯の代わりにして負傷者の手当てに使いました。血を流している兵隊の足に包帯を巻こうとしたところ、自分は大丈夫だから向こうの軍人でない人に巻いてやってほしいと言われたり、軍刀と預かってほしいと言われて結局何本も預かって、盗まれないようにずっと傍にいたといいます。

戻ってきた乗客達

乗客達はあまりに恐ろしかったのでしょう、北側の山林、から沢など隠れていた所から救護活動が始まる頃にようやく動き出しました。

森さんもその一人でした。彼は空襲警報の解除を伝える声が聞こえたことで、退避していた窪地を出て、列車へ向かいました。空襲警報の解除は十二時四十八分（警戒警報の解除は五十四分）でしたから、十二時二十分が銃撃時間ならば約三十分、森さんが記していたように正午前ならば一時間近くもその場にいたことになります。列車に着いてみると、負傷者や遺体は戸板で運ばれていました。列車には警察官が乗り込んで、荷物は一斉に車外に持ち出すので、改めて手渡すまで待てと乗客が車内に入るのを許しませんでした。

同乗者の江口さんの消息を心配した森さんはあちらこちらを探し、大きな声で呼びかけてみましたが応答はなく、峯尾丑太郎宅の庭先の遺体にも見当たりませんでした。

同乗者や家族を探すこのような光景は、直後にはあちらこちらで見られました。たとえば、母、兄と三人で乗車していた塚本裕子さんは兄とはぐれ、母親は必死でその特徴を兵隊に言って探してもらい、山に大人と逃げていたところを見つけてもらったそうです。国民学校一年生の星野賢一さんも母親とはぐれ、どのように再会したかもはっきりしていません。母親と乗車した小石明子さんは親が見つからず、一時近所の家に預かってもらいました。

現場に遭遇した読売新聞記者

この空襲は翌々日の七日、読売新聞の第二面に羽中田誠記者名の「小型機の列車銃爆撃・現場に遭遇体験の戦訓」との見出しで記事になりました。実はこれは記者本人の直接の体験ではありません。たまたま山梨県の疎開先から本社に出勤途中、乗っていた新宿行きの四一六列車が与瀬駅（現・相模湖駅）で停車し、他の乗客と小仏トンネルを歩いて湯の花トンネルまで来たところで、四一九列車のただならぬ停車の仕方に遭遇したのです。

血まみれの死傷者が運び出されている。車内の床や腰掛に血糊の染まったカバン、にぎりめし、こどもの上衣などが散乱していた。惨憺たる状景である。私は早速救護活動をしている車掌さんや、乗り合わせた兵隊、厄をまぬがれた兵隊、軽傷ですんだ人たちに話をきいてまわった。

取材後、浅川駅から電車で本社に行き、原稿を書いたのでした。また、友人の山岳評論家春日春吉さんも陣馬山から景信山を経て、裏高尾から空襲を目撃。浅川駅に向かう途中で現場を通りかかって惨禍を見ており、プーとイヤな血の臭いが鼻を打ったと記しています。

山梨の地元紙、「山梨日日新聞」で報道されることはありませんでしたが、不思議なことには八月八日の「新潟日報」で報道されています。

第三節　負傷者の搬送

搬送の開始

負傷者の病院への搬送には、中島飛行機浅川工場の荒井の倉庫に缶詰を運んできていたトラックが使われました。峯尾宅の東隣の芋畑に乗り入れ、負傷者を乗せると旧甲州街道を東に下って行きました。さらに、浅川工場へ疎開物資の輸送をしていた大和運輸のトラックもやってきました。

また、医師も来ました。横山村上館（現・八王子市）にあった浅川工場の診療所に同僚の医師を訪ねていた中川亨さん（二七歳）は、Ｐ51のパイロットの顔が見え、稲穂がそよぐほど低空で飛行し、どこかを銃撃したのを聞きました。十五分も経たないうちに、事務員がトンネルの手前で中央線の列車が銃撃され、大変なけが人が出たので浅川駅から応援を要請してきたと言ってきたので、トラックを出してもらって現場に行きました。

兵隊から先に搬送？

搬送では兵隊が優先されたといいます。上野亀太郎さん

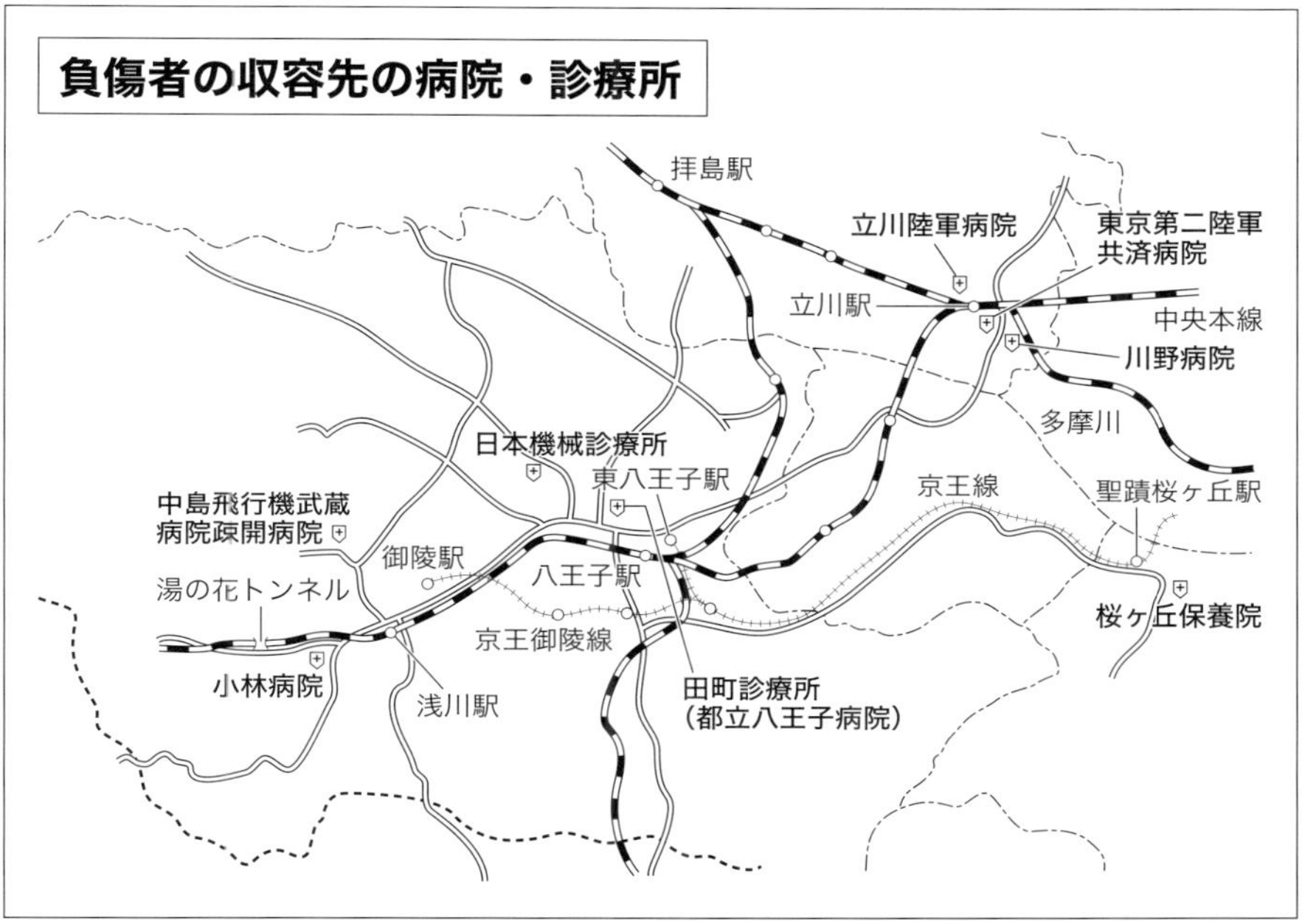

は軍人が先に運ばれたのを目撃し、三宅修さんは「最初に救出に駆けつけた時、乗っていた軍人が〝兵隊が先だっ〟と怒鳴っていて、ひどいことを言うと腹をたてたりした。確かに軍人たちはまっ先に運び出され、しかも軍の自動車が怪我人をのせていち早く病院に向かった」と記しています。

萩原康子さんは草むらに「兵隊さんが一列にズラッと並べられていた。民間人を先に救い出すこともなく、軍隊が優先しているようだった」とし、新居誠治さんも負傷した兵隊は比較的汚れていなかったが、民間人は苦しむままに地面に放置されていたためか、泥だらけだったと語っています。

重傷を負った女学生の高橋通子さんが長く寝かされていたのもそのためかもしれません。高橋さんは語ります。

男の人達が担架で運んでくれた。「まあ可哀相に、女学生も負傷している」という声も聞かれた。長い時間地面の上に担架ごとおかれた。そのうち体中がふるえ出し「寒い寒い」というとどなたかが毛布をかけて下さった。又、どの位時間がたったのだろうか、気は確かであった私は、そばの男の人に家の者に連絡をしてくれる事を頼んだ様に思う。そのうち軍の大型のトラックが来て担架ごと運ばれた。

搬送先

警視庁の資料にある一三三名の負傷者が全員病院に運ばれたとすると、一台につき四、五名乗車して約三〇台、一〇名ぐらいが乗車して十数台のトラックで搬送されたことになります。小林病院など近い所であれば、複数回往復した可能性もあるので、その台数は少なくなります。

負傷者の搬送先は八王子では小林病院（現・駒木野病院）、中島飛行機武蔵製作所武蔵病院の疎開病院（元八王子村中宿）、都立八王子病院（八王子市田町）、日本機械診療所（八王子市中野町）で、市外では桜ヶ丘保養院（多摩村）、東京第二陸軍共済病院（立川市）、川野病院（立川市）などでした。

小林病院

負傷者が最初に運ばれたのは、現場から浅川駅方向に一、二キロメートル行った所にある精神・神経科専門の小林病院でした。この病院は一九四三（昭和十八）年十一月十五日の火事で女子棟が焼失していたため、トラックで運ばれてきた負傷者の一部は収容しきれず、木陰にむしろを敷いて寝かされました。医師の小林郷三さんは二階屋と平屋との間に縁台を置いて、娘の東京女子医学専門学校在学中の幸世さんを手伝わせながら手術や治療にあたりました。数少なかった衛生材料もこの時に使い切りました。病院勤めの看護婦や近所の女性達も浴衣、布団のおもて、シーツなどを持って駆けつけ、その布を包帯代わりに使って負傷者の手当てにあたりました。看護婦だった山北早苗さんの母親も行ったきり帰宅せず、父親の指示で病院に確認に行った早苗さんは、女性達が血まみれの体に切った浴衣を巻き付けている姿を見ています。

やがて幸世さんは「軍人は陸軍病院に運ぶので付きそうように」と言われ、トラックに乗って立川方面に行きました。彼女が再び病院に戻ってきた時には、片足切断の手術をした女の人の他、二、三名しかいなかったといいますか

重軽傷者が最初に収容された小林病院（現・駒木野病院）

同病院は1927（昭和２）年、小林郷三が小林医院として開設、1952年には「医療法人財団　駒木野会　小林病院」に改組した。さらに1981（昭和56）年には法人名を「医療法人財団　青渓会　駒木野病院」に改称して現在に至っている。写真の建物は建て替えられている。

ら、ほとんどの負傷者は他の病院に運ばれました。

中島飛行機武蔵病院の疎開病院

次に近い病院は、中島飛行機武蔵製作所武蔵病院の疎開病院でした。この病院は武蔵製作所の浅川への疎開にともなって、昭和二十年春頃に元八王子村中宿二三五七番地（現・八王子市）に建てられました。しかし、五、六棟の掘っ立て小屋で野戦病院のような粗末な建物だった上、医師のうち二人の外科医は帰省しており、整形外科医の伊藤原さん一人しかいませんでした。

トラックが着くと、兵隊の呼びかけに瀬沼和重さんら地元民が病院の地面に藁、その上にむしろを敷いて応急ベッドにして、負傷者を運び込みました。伊藤医師は夜遅くまで手術にあたりました。収容しきれない負傷者は、事務方を督促して他の病院に転送させました。

搬送途中で亡くなった人は荒井に戻されたらしく、ここで亡くなったことが確認されるのは、織田玉吉さんと小林いさみさんの二人だけです。織田さんは搬送されてきた時点で内臓が出ていて手術はできない状態でした。意識ははっきりしていて自分の住所を告げたので、病院では自宅に電報を打ちましたが、「まだ来ないか」と家族を待ちわびながら午後七時十五分に息を引き取りました。

小林さんも腹部を撃たれていて手の施しようもありませんでしたが、山梨県中巨摩郡櫛形町（現・南アルプス市）の嫁ぎ先を連絡先として伝えました。しかし、嫁ぎ先では間違いとして取り合わず、結局午後九時十五分に「腹部穿透性盲管銃創」で亡くなりました。もし川崎に住む弟の河野次男さんに連絡があれば、軍の仕事の関係で持っていた車で、その日のうちに駆けつけることができたといいます。

日本機械診療所

八王子市内のほとんどの病院は八月二日の八王子空襲で焼失しており、焼けなかったのは中野町の日本機械の診療所だけでした。焼失した右田病院の須崎敏夫医師、松本樺太医師と看護婦が駆けつけ、臨時の救護所として空襲での負傷者の手当てをしていました。

ここには二〇名前後が運ばれて、診療所の廊下にまで並べられ、治療が行われました。看護婦は負傷者をまたぎながら手当てにあたったといいます。診療所の看護婦だった姥貝静子さんによれば、運ばれてきた負傷者のうち、女性と眼鏡をかけた男性の二人がすでに亡くなっており、翌日までに「金はいくらでもやるから助けてくれ」と泣いていた茨城県水海道の男性と、腹を撃たれていた一六、七歳の若い女性の二人が亡くなりました。棺桶が二つしかなく、二人ずつ一つの棺桶に入れられて、どこかに運ばれたそうです。

ここで亡くなったことが確認されているのは、本所区(現・墨田区)言問国民学校の訓導だった日向とめさんです。

甲州街道を立川方面へ

八王子市内で受け入れられないと、中川亨さんらが付き添ったトラックは甲州街道(国道二〇号)を立川方面に向かいました。途中、日野重工業(現・日野自動車株式会社)付属の日野病院に頼んだという話もありますが、受け入れてもらえず、陸軍立川病院などを目指しました。

ようやく到着した陸軍立川病院には誰もおらず、東京都南多摩郡多摩村聖蹟桜ヶ丘(現・多摩市)の桜ヶ丘保養院に疎開していることが分かり、すぐにそちらに向かいました。

こうした長時間の炎天下の搬送に、途中で亡くなる方が相次ぎました。地元の青木孝司さん、細川繁忠さん、松原菊江さん、荻原栄君らです。兵隊の大久保正次さんもその一人でした。

青木孝司さんは小林病院から妹の八重子さん、柴崎光治さんら三人が付き添って、負傷者一〇人ぐらいとともに、トラックで他の病院に向かいました。中島飛行機武蔵病院の疎開病院などで断られ、桜ヶ丘保養院に搬送中、東京都北多摩郡谷保村(現・国立市)あたりで息を引き取りました。負傷した新居誠治さんが乗ったトラックには、地元出身という若い兵士が二人の家族(一人は女性)に見守られて寝かされていました。「おれも帝国軍人だ。こんなところで死ねるか。負けんぞ!」とどなっていましたが、一、三十分経ってから家族の膝枕の上で、まるでコイが水の上に出て空気を吸う時のように二、三回背伸びをし、大きく息をして事切れたといいます。

細川繁忠さんも兄の鉄雄さんが付き添って民間人三人ぐらいとトラックに乗せられました。あちこちの病院で断られた末、日野あたりで「兄ぃ、腹へったぁ」と初めて口を開いたのが最後の言葉になりました。鉄雄さんは真っ赤な夕日が沈むなか、〝仏様〟となった繁忠さんを抱いて切ない思いだったそうです。遺体は桜ヶ丘保養院で下ろされそうになりましたが、鉄雄さんはトラックが戻るなら八王子の兄の家までそのまま乗せていってほしいと頼んで運んでもらいました。

荻原栄君は家族が疎開していた山梨県東八代郡祝村上岩崎大切(現・甲州市)に荷物を運ぼうとしていました。搬送中の午後五時に息を引き取り、遺体はそのまま桜ヶ丘保養院に運ばれました。疎開先には警察から連絡がありましたが、母親は五日中に駆けつけることができませんでした。

松原菊江さんは銃弾が胸部と足を貫通、搬送中に自分の氏名・住所・年齢などを言って息絶えたといいます。

範三八二五部隊小松隊の大久保正次さん（二〇歳）は、故郷の長野県東筑摩郡島立村（現・松本市）に帰ろうと、同郷の飯沼さん、山梨県中巨摩郡出身の渡辺国夫さんらと乗車し、大腿部貫通という重傷を負いました。巻き脚絆で止血して、搬送中に「目がかすんで暗くなってきた」と言って亡くなったそうです。

陸軍立川病院桜ヶ丘本院（桜ヶ丘保養院）

夕方四、五時頃、負傷者を乗せた数台のトラックが陸軍立川病院桜ヶ丘本院に次々と到着しました。中川亨さんによれば、対応した人は、内科の軍医しかいないので、手当てができないと受け入れを渋っていたそうです。特に民間人は「ここは地方人（軍隊内で一般的に国民をこのように呼んでいました）を入れる病院じゃない」と拒否しましたが、憲兵からここに運ぶようにといわれたと交渉して、ようやく受け入れてもらいました。小林幸世さんが付き添い、負傷していた酒匂淳さんと片手切断の上等兵が乗せられたトラックもその一台でした。

負傷者は次々に下ろされ、前庭に並べて寝かされました。手術と手当てには軍医、看護婦（立川病院と桜ヶ丘保養院の看護婦、さらに滋賀県大津から立川病院の応援に来ていた日本赤十字社第八四七救護班の看護婦）、衛生兵らがあたりました。衛生兵の新井正一郎さんは午後四時頃から三時間ぐらい、庭から手術室までの往復と、重傷者の付き添いなどの雑用をしました。保養院の看護婦長の倉持ひてさんは「トラックで数台運ばれて来て、院内に収容しきれず院内前庭にむしろも敷かれずごろごろと転がされ、暫定処置をする間もなく、負傷者は次々死亡していかれた」と記しています。また、第八四七救護班の業務報告には、「外傷者には一般地方人をも含み収容者多数にして病院の収容をはるか

重軽傷者が並べられた桜ヶ丘保養院管理棟の前庭
桜ヶ丘保養院に1940（昭和15）年11月３日、東京市方面事業後援会（現・東京都民生児童委員連合会）により精神科・神経科の専門病院として開院した。開設にあたっては、この事業目的に賛同した皇室から皇室内の侍医寮、事務室などの下付を受けた（同病院 HP）。この木造の建物はその一つ。

に超過し、救急処置に連日忙殺された」とあります。

国立病院機構災害医療センターに残されていた入院患者名簿には、一〇名の軍人・兵隊の氏名・病名等が記載されていますが、民間人の名前はありません。

収容された民間人では、足を撃たれた田畑三衛さん、高橋通子さん、小川タケさん、齋藤昭雄さんらがいます。高橋さんは担架ごとトラックに乗せて運ばれ、八人から一〇人が収容されていた大部屋の隅に置かれて、軍医の治療を受けましたが、翌日には傷口は化膿していました。しかし、小川さんとともに「女は陸軍病院にいられない」と強く転院を勧められ、二人は河野病院に転院しました。

齋藤さんは右腕の上膊部の三分の一以下を切断するという手術を受け、八月三十一日に退院しています。

負傷者や死体を下ろしたトラックは、病院の前を流れる大栗川で血の付いた荷台を洗い、浅川へと引き上げました。

東京第二陸軍共済病院

一九四四年二月に陸軍の軍人、軍属と家族のために設立されたのが東京第二陸軍共済病院です。一九四五年四月四日の立川空襲で数個の二五〇キロ爆弾が院内に落下、爆発と火災により看護婦ら十数人が犠牲になるという被害を受けていました。


ここで亡くなったと思われるのが、七月から横浜線橋本駅に勤め始めた上条邦さん（三六歳）です。出征先の千葉の部隊から体調不良で帰省させられた兄に同行して、山梨県北都留郡梁川町綱之上（現・大月市）の実家に疎開していた家族のもとに帰るところでした。デッキに座っていて銃撃で大腿部貫通という重傷を負い、兄と会えないまま運ばれ、足は切断されました。入院が分かったのは、八日になってからでした。たまたま実家の近所の人が、甲州街道を通ったトラックの運転手からこのあたりの「上条さん」が入院しているので、家族に知らせてほしいと伝言を頼まれました。近所の人は家族に知らせ、妻の房子さんと兄ら五人が駆けつけましたが、七日午前三時三十分に亡くなった後でした。遺体は遺体室に安置されていましたが、蛆がわき、ガス壊疽でむくみ、黒とも紫ともつかない色になっていました。遺体は国鉄が用意してくれたトラックで火葬場に運びましたが、遺体が多く、翌日ようやく荼毘に付してもらいました。

重傷だったのが堀初子さんです。三歳の長男、生まれて四十日の長女、お手伝いの少女と乗車していた彼女は片方の尻を吹き飛ばされるという重傷を負いました。夕方五時頃に収容され、傷口を縫い合わせる手術をしましたが、化膿して再手術をし、約三ヶ月入院しました。完治はせず、その後も長くこの傷に苦しめられました。

山梨県南都留郡谷村町（現・都留市）に疎開していた井上秀雄さん（四二歳）は、東京で叔父の出征を見送って帰るところでした。頭の上に載せていたリュックサックを支えていた右手の手首を撃ち抜かれてしまい、出血で気絶しました。病院をたらい回しにされたあげくに収容され、手首はのこぎりで切断されました。

中田春吉さんは息子の死を確認した後、トラックに乗せられて、夜中一時頃に収容されました。病院のござの上で治療を受け、三日間のうちに退院するように言い渡されました。翌六日、妻のヨシノさんがようやく辿り着き、七日に二人で山梨に向かいました。中田さんは警察病院に収容されたといいますが、立川に警察関係の病院はなく、収容されたのは飯田橋の警察病院か、ここではないかと思われます。

川野病院

立川市錦町の川野病院には、夜になって民間人が搬送されました。当時、病院には院長と二名の医師、七、八名の看護婦がいたといいます。入院中の父親に付き添っていた小松茂久さん（一五歳）は、トラックから負傷者を下ろすのを手伝いました。

吉祥寺にある横河電機人事部の荻幸雄さん（二三歳）は岩田千代寿さん、田中計巳さんの三人で大月市の疎開工場に行くところでした。機関車のデッキにいたところ、銃弾が右大腿部を貫通しました。岩田さんからの会社と自宅への連絡で、父親が、続いて弟の光雄さんが病院を訪れました。傷は入ったところは小さいのに、出たところは大きく、骨は粉々に砕かれていました。足の付け根は銀線で巻いてあり、その先は茄色に変色していました。幸雄さんは銃撃された瞬間はパシッと板で叩かれた感じで気を失いましたが、幸いに列車から落ちなかったこと、救護にあたった人から「こりゃ、もうダメだな」と言われたことなどを光雄さんに話したそうです。翌七日には亡くなり、遺体は会社が用意した棺桶に入れられてトラックで自宅に運ばれて葬儀が営まれました。

桜ヶ丘保養院から六日に転院した高橋通子さんは、傷口は抜糸をしても化膿していて口が開き、さらに空襲警報に脅かされる日々だったので、父親らが立川から神奈川県津久井郡与瀬町（現・相模原市）までリヤカーで運んでくれ、梶原病院に入院しました。

左足のくるぶしの上を弾が貫通、左肩にも破片のようなものが入る負傷をした内郷の小川タケさん（二三歳）も梶原病院に入院し、左肩に残った破片を麻酔なしの手術で取ろうとしましたが、取ることはできませんでした。

東京鉄道病院

東京鉄道病院には、深沢隆機関助手見習いが入院しました。中島飛行機武蔵病院の疎開病院で応急手当を受けて、東京鉄道病院に行くように言われ、トラックで立川まで運ばれ、警官の付き添いのもと中央線で病院まで辿り着きました。両親が衣類などを持って駆けつけてくれたのは夜になってからでした。

第四節　無事だった乗客の行動と復旧作業

無事な乗客は列車に戻ると、車内に入って荷物を探し出そうとしました。しかし、まもなく警察官や警防団員が車内に自由に入れないようにして、彼らが荷物を運び出して本人に渡すようにしました。混乱の中で荷物泥棒も出没し、萩原敏雄・康子さん兄弟は貯金通帳やお金、ラジオなどが入った荷物をとうとう見つけられませんでした。

荷物を確保した乗客で目的地まで行こうという人は、小仏峠を越えたり、小仏トンネルを懐中電灯の明かりをたよりに抜けて与瀬駅まで行きました。停車していた新宿行き四一六列車は名古屋行き五〇三列車になり、定刻の午後五時五十二分に発車。人々はこの列車に乗って、自宅や疎開先に向かいました。また、宇野七郎さんら兵隊は優遇され、トラックで甲州街道の大垂水峠を越えています。

目的地に行くことをあきらめて浅川駅まで引き返し、電車やトラックで、自宅などに戻った人もいました。中には一刻も早く親族や友人、同僚や部下の死や負傷を知らせようという人もいました。

四一九列車を動かす作業も始まり、八王子駅からC58蒸気機関車が回送されて列車を連結し、浅川駅の貨物線まで引き戻しました。浅川駅に停車中の車内から荷物を運び出したという乗客や、偶然に車内を見て惨状を知ったという方もいました。中央本線の復旧は午後五時十五分でした。

第四章　悲しみの対面

第一節　遺体の確認と荼毘

通夜

死没者の状況について、森さんは日記に同乗者の江口さんを探している段階で「死者はすでに四十名に及んでいるという。負傷者は二百人もあろうか。なにしろ敵機が終わるまでの長い時間を、重傷者もそのまゝに放ってあったので、出血多量でどんどん死んでゆく者がある。死者は男、女、若い者、老人、幼児、軍服を着た者、見習士官、兵、雑多だ」と記しています。即死者数について「昭和二十年浅川町事務報告」には「三十数名」とあり、警視庁の調べで五二名という犠牲者のうち、七、八割は即死、あるいは出血多量死でした。

峯尾宅の庭先に並べられた即死者のうち、確認できるのは左の方々です（あいうえお順）。

飯田　俊雄　　石川　勝巳　　石川まさじ　　石橋　基親
宇野　うた　　小野　嘉明　　柄沢助十郎　　木村　武重
切刀　正常　　黒井　博孝　　黒柳　良子　　小林　達男
小林　定助　　佐藤　英子　　島津　　正　　清水　タカ
篠原　隆文　　鈴木　昭吾　　滝口　愛子　　竹田　　敬
鶴見　綾子　　徳永　　尚　　鳥山　栄一　　中田　智和
武田リョウ　　中村　定男　　幡野すみ子　　原　　満房
松村　富三　　森下むつ子　　渡辺由三郎

警視庁が五二名とする死没者数と即死者数に十名前後の差があるのは、搬送途中で死亡した方々を戻したためと思われます。遺体からの血は夏の強い日差しですぐ乾き、遺体を動かそうとすると乾いた血がバリバリと音をたてたといいます。夕方までに負傷者の搬送も終わりました。

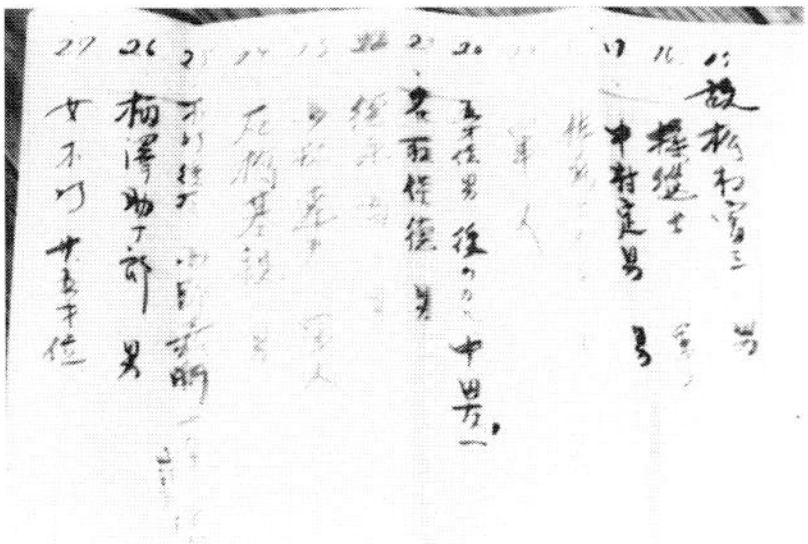

「列車戦没者」名簿の一部

峯尾宅では、遺体に番号をふって、持ち物や名札から名前を記した「列車戦没者」名簿を作成しました。遺体を公有地に移す話も役場の職員からありましたが、結局はそのままにしておくことになりました。

夜になって高張り提灯が掲げられて、警防団員や地元民が集まって通夜が行われました。遺族、関係者の控え室には蛇滝茶屋があてられました。午後九時四十五分に空襲警報が発令されると、警防団員はそれぞれの配置についてしまいました。戸板に使われた雨戸はなく、警報発令中で明かりもつけられず、庭先にならぶ遺体を目の前にして八重子さんと家族の方々は、ものすごい死臭がただよう中、その恐ろしさを忘れたことがありませんでした。

蛇滝茶屋

遺体との対面

死没者の遺族はその死を、新聞報道以外のさまざまな形で知りました。身元がはっきりしていると警察などから電報があったようですが、目の前で家族が犠牲となった方々は遺体を確認して、ひとまず自宅や親戚の家に行き、翌六日に家族や親戚を伴って現場を訪れました。友人、職場の部下や同僚が亡くなった方々は、会社に連絡したり、犠牲者の自宅を訪ねたりして事情を伝えました。また、この空襲が近所で噂になり、心配のあまり駆けつけて対面する遺族もいました。

姉の良子さんが即死した美恵子さんは、夕方に大森区(現・大田区)久が原の自宅に帰って事情を伝え、翌日の早朝に父親と二人で来て遺体を確認しました。顔を拭くようにと脱脂綿を渡されましたが、恐くて姉の亡骸を見ることができませんでした。

中田ヨシノさんが山林から戻ると、智和君の遺体は幡野すみ子さんと一緒に置かれていました。多くの方に目撃された、幼い子どもを亡くして気の毒なほど嘆き悲しむ母親の姿はヨシノさんだったのかもしれません。避難する際にはぐれた夫の春吉さんにも会えず、トラックに乗せてもらいながら夜中に鳥沢の姉の家にようやく辿り着きました。翌早朝、握り飯を持って現場に戻り、かぶせてあったむしろをめくって、並ぶ遺体の中から口から鼻にかけてもがれてしまった遺体を確認しました。遺体は皆一緒に焼くからと言われたので、差し出されたはさみで髪の毛を切って形見にしました。その後、夫を探し、ケガで収容されていた立川の病院でようやく出会うことができました。

清水タカさんは上司の山村陽太郎さんと向かい合わせに座っていて、後頭部を撃たれ即死しました。山村さんは小岩の自宅に帰宅後、タカさんの家を訪ねて事情を伝えた翌日、両親と現場を訪れて遺体と対面しました。遺体がトラックに乗せられたのを見届けた山村さんは、長野県の諏訪工場に行き、寮の女の子達にタカさんの着物などを出してもらって弔いました。

幡野すみ子さんの家族は、帰宅時間の午後二時半頃になっても帰宅しないのを心配していました。やがて近所でこの空襲が噂になり、現場まで行こうとしましたが果たせず、翌日に長姉の静子さんが浅川駅構内に戻っていた列車の車内からすみ子さんの制服を見つけ、峯尾宅で遺体と対面しました。その後、姉達が次々に駆けつけました。その一人、ヒロエさんによれば、弾が入ったところは大きな傷ではなく、抜けた方はげんこつが入るぐらいの大きさだったそうです。ハンカチで顔を拭いて血をとり、持って行った浴衣を着せ、足袋を履かせました。彼女の遺体も他の遺体とともに茶毘に付され、翌日に遺骨を姉のきよ子さんが家に持ち帰りましたが、母親は「誰の物ともわからないお骨を持ってきて。なぜ遺体のまま持ってこなかった。組合の人達が峠を越えてでもリヤカーで引き取りに行ったのに」と繰り返しました。

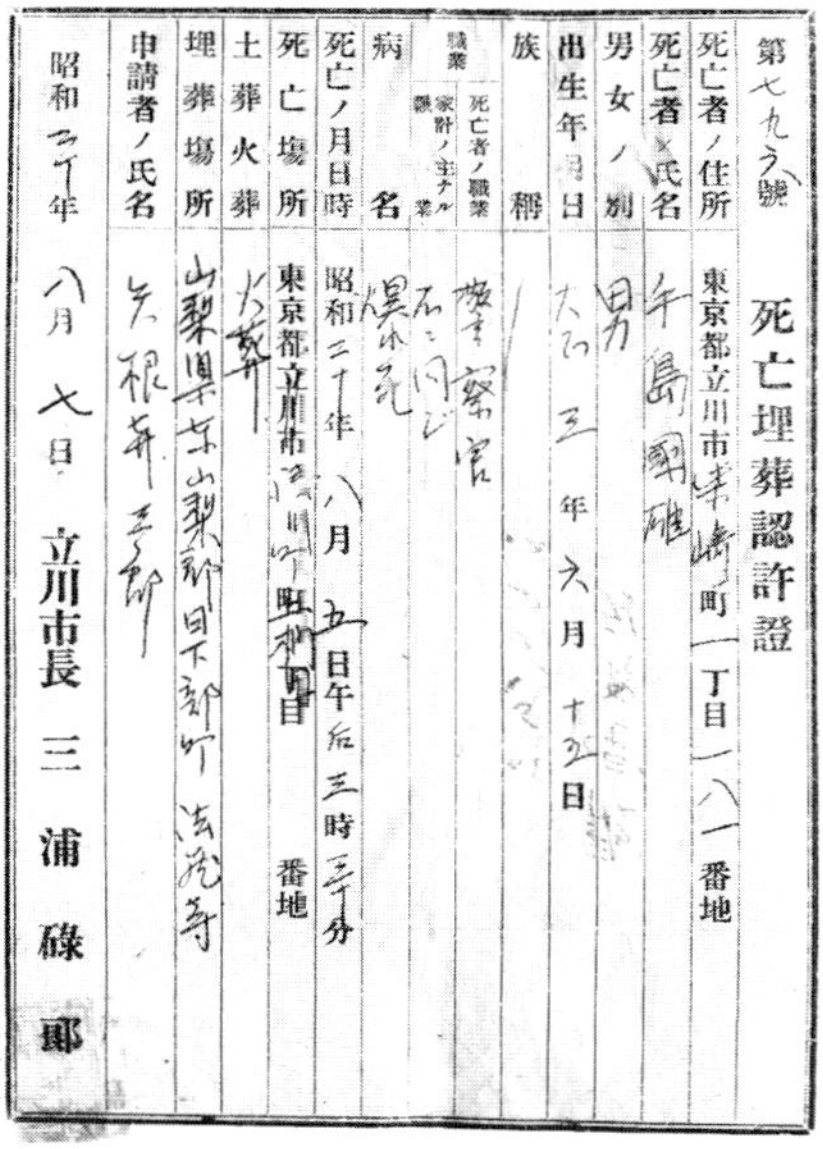
死亡埋葬認許證

死亡者ノ住所　東京都立川市　町　一丁目　一八一　番地
死亡者ノ氏名
男女ノ別　男
出生年月日　大正　三　年　六　月　十五　日
族稱
死亡者ノ職業　家計ノ主タル業
病名
死亡ノ月日時　昭和二十年　八月　五日午后三時三十分
死亡場所　東京都立川市　番地
土葬火葬　火葬
埋葬場所
申請者ノ氏名
昭和二十年　八月　七日　立川市長　三浦

手島国男さんの「死体埋葬認許証」

徳永尚さんの場合、茶毘に付す直前の遺体を確認したのは家族の疎開先の主人などでした。ただ、親戚の名取保徳さんの名前の入った荷物を持っていたため、列車戦没者名簿には本人ではなく、名取さんの名が記されていました。遺品として背中から腹にかけて二つの穴の開いたシャツを疎開先に持ち帰りました。残された妻と笑子さんら娘二人の家族三人の本当の苦労は、それから始まったそうです。

宇野うたさんの場合、娘の木村てつ子さんの夫に連絡があり、現場で遺体の確認をしようとしましたが、しかし、頭を吹き飛ばされていて、立川で見送った時に彼女が履いていた黒いもんぺの上下を手がかりに確認したといいます。てつ子さんはなかなか帰郷しないことを心配しており、電報で死を、その後に詳しい状況を知らされました。息子の漫談家、牧野周一さんによれば、うたさんは小学校校長だった夫の九八郎さんが脳溢血で亡くなって以降、五人の子どもを育てるために必死で働いたそうです。それでも持ち前の明るい性格から、孫の宇野功芳さん（牧野周一の子）らには大変に慕われていました。

切刀正常さんの場合、家族が知ったのは見ず知らずの乗客のお陰でした。正常さんは、長野県出身というこの乗客に自分の住所・氏名を告げ、父親から譲られた懐中時計を託しました。彼は「クヌギマサツネ」という名前を頼りに、中央本線竜王駅から山梨県中巨摩郡白根町（現・南アルプス市）の自宅に、夜中の二時頃知らせてくれました。翌日には妹二人と義姉が浅川駅に行き、遺体となんとか対面することができ、遺品として二つの穴の開いたシャツを持ち帰りました。母親は知らせてくれた人にずっと感謝していました。

五日の午後から六日の遺体を荼毘に付すために運ぶ前までに駆けつけて、遺体と対面した会社や職場関係者もいました。その一人は中島飛行機武蔵製作所のエンジン検査課の班長をしていた船木藤太郎（三六歳）さんでした。女子工員二人が空襲にあったという電話連絡を受け、三鷹駅前の空き家にあった職場から来てみると、唐木孝子さんは無事でしたが、腹を撃たれた森下むつ子さんは遺体となっていました。結局、遺骨の遺族への引き渡しなどはすべて船木さんが行いました。小野嘉明さんの場合も、会社の上司の松本さんが小野さんの遺体と対面しました。

六桜社小西六写真工業にも渡辺由三郎さんが亡くなり、遺体を引き取ってほしいとの電話連絡ありました。会社ではトラックを出して会社まで運び、疎開先から駆けつけた妻の前で、社員により日野火葬場で荼毘に付されました。

立川警察署にも同様の連絡があったのでしょう。手島国男さんは大腿部切断で午後三時三十分に亡くなり、遺体は立川警察署に引き取られ、七日午後五時三十分に多摩火葬場で荼毘に付されました。

荼毘

六日、五二名のうち、渡辺由三郎さん、手島国男さんともう一人の三人を除く四九名の遺体は警防団員の手によって中島飛行機浅川工場が手配したトラックに乗せられ、高尾山の北、日影沢に運ばれました。沢の平地になった所に松丸太が井桁に組まれ、最後に平らに並べられた上に遺体

遺体を荼毘に付した日影沢への入口

が置かれ、松根油（松の根からとった油）が撒かれ、火が放たれました。当時、人一人を焼くためには石油一升が必要といわれ、一晩かけて焼かれました。ただ、五歳ぐらいの中田智和ちゃんらしい男の子はかわいそうだというので、一人だけ別に焼かれました。遺骨は四九個の骨箱に納められ、遺族が待っている場合には手渡され、それ以外は摺指地区の常林寺で引き取り手を待ちました。

霊の知らせ

亡くなった方の声が聞こえた、大きな音がした、さらに夢枕に立ったという不思議な話は、何人かの遺族が体験しています。

小野嘉明さんの姉の鷲田ミツさんもその一人です。嘉明さんの死を知らせる電報が届いた夜、灯火管制で真っ暗な部屋の中、仏壇に近寄ったり、触りもしないのに、「ガチャ、ガチャ、ガチャン」という音がしたといいます。松原菊江さんの母親と姉の静江さんは、五日の正午頃に昼食を食べようとしたところ、「ただいま！」という菊江さんの声を聞いたような気がしたそうです。

第二節　搬送中、その後亡くなった方々

中島飛行機武蔵病院の疎開病院

収容先で亡くなり、その地で荼毘に付された方々もいました。

武蔵病院の疎開病院でも多くの方が亡くなったといわれながら、元八王子村（現・八王子市）の〝火葬場〟で荼毘に付されたのは織田玉吉さんと小林いさみさんの二名だけです。搬送中の死亡者は峯尾宅の庭先に戻されたのでしょう。

織田玉吉さんの家族のもとには、六日に病院から「キトク」の電報が届きました。妻は昨日出かけたのになぜ電報が来たのかと半信半疑のまま駆けつけると、遺体が襖もない民家の縁側においてあり、トラックが来て運んで行こうとするところでした。看護婦からは本人が住所を言ったの

で電報を打ったこと、出征中の息子を頼むと言い残したことなどを聞きました。遺体を小川の川べりの村の〝火葬場〟に運んでもらって、組んだ木の上に載せて帰宅しました。翌日、娘や親戚とともに訪れ、遺体と対面して荼毘に付しました。この時、もう一人、女性の遺体も荼毘に付されましたが、遺族は来ませんでした。

この女性が小林いさみさんで、連絡の行き違いなどから弟の河野次男さんが川崎からかけつけたのは十日になってからでした。遺骨はすでに常林寺に安置されており、十一日に嫁ぎ先の親と叔父が受け取りました。

日本機械診療所

日本機械診療所でも数人が亡くなったといわれています。

一人は教員だった日向とめさんです。とめさんは、山梨県西八代郡久那土村車田（現・身延町）に弟と帰省しようとしていました。乗り遅れた弟が重傷を負ったのを知り、夫の保真さんに知らせましたが、六日の午前零時五十二分に亡くなりました。駆けつけた保真さんは、遺体をリヤカーに乗せて八王子の火葬場に運び、荼毘に付してもらいました。葬儀は海外で亡くなった親戚とともに行ったそうです。

多田平八郎さんもここで亡くなった可能性の高い方です。八王子の病院に収容されたと言われ、連絡を受けて甲府から駆けつけた母親と妹が、棺桶に安置されている遺体と対面しました。医師は肩と腹を撃たれ、腸も出ていたが、それを収めたら一晩生き延びたので、何とか助けたいと尽くした、と話してくれたそうです。疎開先の下呂温泉にいた妻の敏子さんは、夜中に夢で夫が子どもの名前を呼ぶ声を聞いていました。夫の死を知らせてくれた父親が一週間後に持ってきた夫のリュックには、彼女が欲しがっていた縫い糸や子どもにと買ったらしい花火が入っていました。

陸軍立川病院桜ヶ丘本院（桜ヶ丘保養院）

桜ヶ丘保養院では五日から数日間で、松原菊江さんをはじめ六人の方が亡くなったと推定されます。ただ、酒向淳さんは、その夜は灯火管制で真っ暗な中、うめき声が大きくひびき、朝までに数名の人が「お母さん」と言いながら亡くなったと記しています。また、小林十三三さんは看護婦から棺桶が山のように積んであると聞かされたと証言しており、さらに多かったようです。

松原さんはこの日、山梨県北都留郡上野原本町（現・上野原市）の疎開先に帰宅しませんでした。この空襲で死人の山だという噂が近所に広まり、心配した兄が浅川駅に駆けつけました。重傷者の中に彼女の名前があるのを見つけ、収容先の桜ヶ丘保養院で遺体となっていた妹と対面しました。髪の毛は三つ編みで二つに編んであり、看護婦が顔も拭いてくれていて、きれいな顔をしていました。家族のもとにも電報が届き、翌六日、叔父、兄、静江さんの三人が保養院を訪れると、安置所のようなところに前後二列の棺桶が並んでいて、手前の列の真ん中に花結びをした腰ひもをかけた「松原菊江殿」と書かれた棺桶がありました。しかし、この日は遺体を見ない方がいいと言われ、見なかったそうです。暑さのために一日で遺体が膨張して様相が変わっていたからで、どの棺桶のまわりにも蛆がわいていました。お棺が間に合わない遺体は屋外の炎天下に放置されていてひどい死臭を放ち、一週間から十日間は何か食べようとすると、その臭いが鼻を突きました。

遺体を荼毘に付すのを待っていると何時になるか分からないので、遺族がいるならば自分達でしてほしいと言われ、近所の農家から薪を集めて荼毘に付しました。焼き上がったのは真っ暗になってからで、遺骨は壺に入れて持ち帰りました。戦後、菊江さんの夫もボルネオで戦死したことが分かりました。

屋外に置かれていたという遺体の中に、田中計巳さんの遺体があったと思われます。会社から家族への知らせではたいしたことはないとのことでしたが、六日早朝に出血多量で亡くなり、家族が訪れた時にはむしろをかぶせられていました。病院関係者から「水が飲みたい」が最後の言葉だったと伝えられ、母親は死に目に会えず、水を飲ませてやれなかったことをずっと悔やみました。毎日小さなコップ五個ぐらいに水を入れ、身体の具合が悪くなって入院するまで自分で仏壇に上げていました。鬱状態になった時には「私が悪い、私が悪い」と自分を責めました。

大森工業学校（現・大森学園高校）二年生の荻原栄君の母親と兄も知らせを受けて、六日に山梨県の疎開先から浅川駅に来たところ、桜ヶ丘保養院に行くように言われました。病院関係者から「二目と見られない状態だから会わない方がいいのでは」と諭され、遺体を見ないままで野積みで荼毘に付してもらいました。

一九四四年九月に甲府連隊に入隊した大久保正次さんの場合、長野県東筑摩郡島立村（現・松本市）の実家には空襲で「戦死」したとの電報が届きました。外地に行かず安心していた家族には衝撃で、九日には両親と叔父が浅川に向かいましたが、途中の空襲警報で、母親はあきらめました。正次さんは病院に収容されながら亡くなり、千葉県東金にあった範三八二五部隊の駐屯地で十日に中隊葬を行い、父親と叔父は遺骨を受け取って十一日に帰宅しました。母親は子どもが何人いても子どもを亡くした者でないと親の気持ちは分からないといい（正次さんは七人兄弟の三番目）、戦後になってもとっておいた正次さんの継ぎはぎだらけのズボンを出しては、「こんなズボンをはかせて」とせつながりました。

田下藤樹さんも、病院に運ばれてきて間もなく亡くなったようです。妻の菊美さん（二八歳）に死を知らせる電報が届いたのは七日で、ポケットの中にあった菊美さんからの手紙で住所を確認したようでした。子どもがいた菊美さんに代わって兄達が病院に行ったところ、勤務先の鶴見造船所からの同郷の従業員が来ており、そこで火葬にして遺骨を持ち帰りました。

神奈川県津久井郡与瀬町（現・相模原市）で床屋を営んでいた竹田義治さんは、部隊から一時帰宅の途中でした。家族が駆けつけましたが、脳挫傷で十一日に亡くなりました。小林十三三さんは、隣に寝ていた年配の兵隊は、弾丸が鉄兜を突き破り、脳を傷つけたためか昼夜うわごとを言い続けたあげくに亡くなったといいますから、この方が竹田さんだったのかもしれません。

遺体は敷地の東側、崖下にあった池の脇に置かれていました。兵隊はすぐにわいた蛆をバケツで水をかけて落とし、遺族が遺体を確認する際には葬儀屋が顔についた蛆を払いました。新井正一郎さんら衛生兵達は交代で夜中の「屍衛兵《しかばねえいへい》」に立ちましたが、死臭のために遺体には近寄れず、少し離れた小屋の脇に立っていました。翌朝、食堂に朝食を食べに行くと、仲間は体についた死臭が「臭い」といって近寄ってくれませんでした。遺体は一週間ぐらいは置かれていたといいますが、その後どこでどのように荼毘に付されたかわかりません。

自宅に運ばれた遺体

たまたま自宅まで運ばれたのが、細川繁忠さんの遺体です。トラックの上で亡くなった繁忠さんの遺体は、兄鉄雄さんの機転によりそのまま乗せられ、八王子市台町の兄の家に運ばれました。翌日には繁忠さんの勤務先の陸軍相模造兵廠に出してもらったトラックに乗せ、実家近くの西原村用竹まで運びました。その先は道幅が狭く、トラックが入れないので、途中で連絡を受けた実家と近所の人達が持って来た戸板に移し、夜通しかけて明け方に実家に運び込みました。

破傷風での敗戦の日に

退院後、その傷がもとで亡くなったのが、田畑三衛さんです。空襲で焼けた世田谷区泉町の自宅の後片付けをし、妻のよしをさんと子どもの待つ疎開先の山梨県北巨摩郡大泉村谷戸（現・北杜市）に行くため乗車し、足の甲を撃ち抜かれました。数日の入院後、八月十日頃に友人に背負われて帰宅。その時は元気だったのに、やがて苦しみだし、よしをさんが近くの学校に駐屯していた軍隊の軍医に見せたところ、破傷風で三日は持たないと言われ、二日ばかり七転八倒の苦しみでした。苦しみ抜いて八月十五日の朝、息を引き取りました。自分の実家の近くには無事に帰宅した人がいたのに、何の因果で自分の連れ合いだけがとよしをさんは悔やみました。

第三節　遺骨での対面

摺指・常林寺で遺骨を引き取り

常林寺には遺族が、遺骨を引き取りに一九四六、七年頃まで訪れましたが、最後に引き取り手のない遺骨箱が一つだけ残りました。

親戚同士の島津正さん、篠原隆文さん、木村武重さんのご遺族の場合、遺骨の受け取りはさまざまでした。

島津さんの場合、山梨県北巨摩郡穴山村（現・韮崎市）の実家に疎開していた妻の都禰子さんが、けがをしたとの電話連絡で浅川駅に駆けつけ、案内された駅長室で即死者氏名一覧の五番目に夫の名前を発見しました。まもなく、不吉な夢を見た長男の正人さんも来て、二人で常林寺まで案内されて「島津正」と書いた遺骨箱を、戻った駅では遺品として血でべったり固まった服と靴を受け取りました。頸部と服の胸に四、五ヶ所の弾痕があり、服には撃たれた瞬間に当てた書類がむごたらしく血でぴったりとくっついていて、都禰子さんは即死だったことを悟りました。「本当に身に迫ってしまうと涙が出ない。……まったく涙が出ませんでした」と語っています。

遺骨が安置された曹洞宗白雲山常林寺

篠原さんについて妹の望月松江さんによれば、敗戦の二、三日前に義兄（姉の夫）が山梨県甲府市千塚に疎開していた両親に亡くなったことを知らせてきたそうです。すぐに父親ら四人が駆けつけ、遺骨と針が止まって動かない時計や、食糧が入った血のついた妻の淑子さん手作りのリュックサックを引き取りました。しかし、淑子さんが夫の死を知ったのは敗戦後でした。隆文さんは当時、住んでいた秋田県男鹿市から七月下旬に東京に出張後、敗戦になっても帰宅せず、彼女は心配して子どもを連れて東京に出掛けました。義兄の木村武重さんの家で、武重さんと夫が亡くなったことを知り、甲府市の両親の疎開先に行った時には葬儀も終わっていました。隆文さんの弟も中国戦線で戦死しており、両親は二人の息子を国内外の戦争で奪われました。

　木村武重さんの詳細は不明です。

　三人と一緒だった鶴見綾子さんの事情もはっきりしません。母一人、子一人の家庭で、母親は娘の死が伝えられると半狂乱になったといいます。高齢化して修道院に入り、亡くなる間際になって綾子さんの遺骨を墓に入れずに持っていることを明らかにしたそうです。

　滝口愛子さんの場合、定期券から判明した嫁ぎ先に連絡があり、夫が遺骨を引き取りに行きました。その夫も翌月六日に起きた中央本線笹子駅での列車追突事故で亡くなりました。愛子さんを母のように慕っていた弟の土屋貴三さんは、その死を契機に依存的な性格を改めて仕事に励み、会社を経営するなど人生の転機になったと語っています。

　徴用で横河電機製作所に勤めていた竹田敬（二九歳）さんは、たまたま訪れた世田谷に住む姉の井森すみさんの家から山梨か長野の工場に行こうとしていたらしく、数日経ってから家族に死亡したとの連絡があり、すみさんの夫が遺骨を引き取りました。また、同じ横河電機の社員だった荻幸雄さんと田中計巳さんも亡くなっています。

帰らぬ家族を心配して浅川へ

　同行者がいない、身元を示す物を身につけていない、別人と判断された場合などは家族のもとに連絡がありませんでした。本人がいつまでも帰ってこないので、家族・親族や会社関係者が探しに出かけて、その死を知ることになりました。敗戦直前の混乱の中、連絡が行き違うこともありました。

　たとえば北都留郡棡原村（現・上野原市）の原満房さん（六二歳）は、東京都西多摩郡拝島村（現・昭島市）の多摩工機製作所で働いていた四人の娘に面会した後、自宅に戻ってきませんでした。心配した四番目の娘の和江さん（一九歳）が浅川駅を訪ね、駅長室で死亡を確認しました。満房さんの弟達が自転車で遺骨を引き取りに行き、少し白くなった髪の毛、血まみれのリュックサック、めがね、下着などとともに持ち帰りました。遺骨箱には別人の名前が書かれていて、その下にカッコして「原」と書いてあったそうです。

松永光弘さんは山梨県東山梨郡日下部町（現・山梨市）に疎開していた妻の生家に行くところでした。十日になってから、東京に住む甥が五日に山梨に行くと出かけたのに東京に戻らないと妻に伝えてきました。驚いた妻が浅川駅に行き、駅長室で夫のリュックサックを確認しました。搬送先として紹介された立川の病院に行ったところ、すでに亡くなっていました。その遺骨を引き取り、戻ってきた時には十六日でした。遺骨箱の中には血がついた手紙、洋服の切れ端が入っていました。

鳥山栄一さんは山梨県立韮崎中学校（現・県立韮崎高校）卒業後、慶応大学予科に入学、神奈川県横浜市日吉で寮生活を送っていました。敗戦になっても韮崎の実家に帰って来ず、心配した父親が日吉の寮を訪ね、八月四日には寮を出て実家に向かったことを知りました。寮の友達は栄一さんが実家から持って来てくれる食料を楽しみにしていました。父親は浅川まで来て遺骨を引き取りました。韮崎中学校には「島山（しまやま）」という卒業生についての問い合わせがありましたが、該当者がいないと答えたため連絡が来なかったと判断されました。

本所区（現・墨田区）菊川町で電気店を営んでいた柄沢助十郎さんは、家族を東山梨郡岡部村鎮（現・笛吹市）に疎開させ、電気店をやめて勤め始めた八王子の三菱の工場に石和駅から通勤していました。敗戦になっても帰らないことを心配した妻のよしのさん（二九歳）は、東京の親戚に探してもらい、義弟が遺骨を届けてくれました。助十郎さんは当日、友人が経営する鉄工所に立ち寄り、お茶を飲み、お昼でも食べていったらという誘いを断って、四一九列車に間に合うように出て行ったとも伝えてくれました。遺骨箱の中には、定期券、血にそまったワイシャツ（よしのさんが助十郎さんの着物から作った）の切れ端などが入っていました。

石川まさじさんの死亡を知らせる電報は、蒲田区（現・大田区）女塚の疎開前の家に届いたらしく、山梨県の疎開先にいる娘の津久恵さんらのもとに転送されてきたのは敗戦直前でした。津久恵さんは叔父と一緒に東京に行き、帰ったと思い込んで驚く父親とともに浅川に向かい、遺骨箱と対面しました。遺品には血のついたリュックサック、防空頭巾、夫から渡された給与で胴巻きに入れていて血だらけになった百円札などがあったそうです。まさじさんの母親は、「私が代わってやりたかった」と泣きました。まさじさんの夫も十月には病死、両親を二ヶ月間に相次いで失い、津久恵さんは戦後も苦労の連続でした。

同僚、会社の上司が遺骨を持参

中島飛行機武蔵製作所浅川工場に勤務していた森下むつ子さんの遺骨は、初七日の十一日に上司の船木藤太郎さんと女子工員が長野県下伊那郡高森町の実家を訪れ、母親に渡しました。彼女は武蔵製作所への空襲の犠牲者と同様に扱われ、一九六九年十二月二十四日に勲八等に叙せられ、瑞宝章が送られています。また、その名前は武蔵製作所殉職者「慰霊碑」に刻まれています。

昭和石油新潟製油所の技師だった黒井博孝さん（三四歳）は、新潟の自宅から東京の本社に出張したまま、帰宅予定の日になっても帰ってきませんでした。心配した妻のトミさんが本社に問い合わせても、既に戻ったということでしたが、調べてもらってようやくこの空襲で亡くなったことが分かりました。遺骨は社員が届けてくれ、社葬が行われました。

北海道函館市の小野嘉明さんの実家に死亡の知らせが届いたのは、六日のことでした。母親は函館駅に行き、浅川駅までの切符を手に入れようとしましたが、無理でした。遺骨は敗戦直前になって会社の上司だった松本さんが届けてくれました。遺骨箱には貫通した跡も生々しい二〇センチ四方の鮮血に染まった一片のワイシャツが入っていました。左胸貫通銃創による即死でしたが、遺体と対面した松本さんは、穏やかな死に顔だったと教えてくれました。戦後、母親は峯尾丑太郎さんに手紙を出し、家族に一度は息子が亡くなった現場に行きたいと言っていましたが、果たせませんでした。嘉明さんの姉、鷲田ミツさんは、一九八六年十一月に初めて現場を訪れ、慰霊碑に花を手向けました。

なぜ、四一九列車に

犠牲者の約一割の方は、遺族も乗車理由がよく分かりません。

千葉県に住み、成東町（現・山武市）緑海国民学校卒業後に都内の中学校に通っていた鈴木昭吾さん（一六歳）は、ある日突然帰って来なくなりました。それから約十日後、役場から両親に死亡の通知が届きました。乗車理由は分かりませんでした。

同じく千葉県市川市菅野在住で溶接工だったという石川勝巳さん（二八歳）は、友人と二人で山梨へ行こうとしていましたが、友人が来ず、一人で乗車し、亡くなりました。

小児科医だった佐藤英子さん（二三歳）は、金沢の医局に移るため、あるいは長野県岡谷市に住む父親に会った後、結核治療を受けるため乗車したともいわれています。頭部に銃弾を受け即死し、母親が遺骨を持って帰り、敗戦の一週間ほど前に葬式を出しました。

　小林定助さん（六〇歳）は、世田谷区代田の自宅から出身地の長野県上伊那郡飯島町に帰省しようとしていたようです。

　杉並区在住だった武田リョウさん（四六歳）は、伊豆に疎開中の子どもの荷物を取りに、以前に疎開していた山梨県上野原に姉と行こうとしていたのではといいます。

身元不明・氏名不詳の方々

　名前や情報だけで身元が不明、該当者や遺族が見つからない方もいます。

　たとえば列車戦没者名簿の二枚目と思われる箇所には（45ページ参照）、15番から27番までに一三名の名前があり、そのうち「15　松村富三　23小林達夫　軍人　24　石橋基親」の三人の身元は不明です。「軍人」は23の小林さんのほか、「田村という戦友が亡くなった」との情報もありました。

　神奈川県川崎市の日立製作所（「皇国二〇四四工場」）に勤務していた坂井進さんの証言はより具体的です。教官に引率された青年学校の生徒達が工場の疎開先の飯田線赤穂駅に行こうと最後尾に乗車しており、栃木県佐野市佐野国民学校出身の青年が亡くなりました。青年学校の寮には夜の十二時ごろに遺骨が帰り、「暗い廊下に全員制服で整列して迎えた。教官の胸に抱かれた白木の箱が、現在でも目に焼きついている」と記していますが、該当する方は見つかりませんでした。

　このほか、八月五日昼頃、東京に行くと言って家を出て、行方不明になった八王子市八幡町に住んでいた江間金蔵さんが四一九列車に乗った可能性もありますが、確認できませんでした。

犠牲者一覧と遺影

犠牲者遺影
（一部）

織田　玉吉

大久保正次

青木　孝司

柄沢助十郎

黒柳　良子

上條　　邦

小野　嘉明

田中　計巳

滝口　愛子

清水　タカ

島津　　正

森下むつ子

細川　繁忠

手島　国男

田畑　三衛

	死没者名	性別	年齢	死亡状況
1	青木　孝司	男	22	重傷、搬送中死亡
2	飯田　俊雄	男	17	即死
3	石川　勝巳	男	28	即死か？
4	石川まさじ	女	41	即死
5	石橋　基親	男		即死
6	宇野　うた	女	70	即死
7	大久保正次	男	20	重傷、搬送中死亡
8	荻　幸雄	男	22	重傷、川野病院で死亡
9	荻原　栄	男	16	重傷、搬送中死亡
10	織田　玉吉	男	49	重傷、中島飛行機武蔵病院疎開病院で死亡
11	小野　嘉明	男	18	即死
12	上條　邦	男	36	重傷、東京第二陸軍共済病院で死亡か？
13	柄沢助十郎	男	51	即死
14	木村　武重	男	40	即死
15	切刀　正常	男	28	重傷、死亡（場所不明）
16	黒井　博孝	男	34	即死
17	黒柳　良子	女	17	即死
18	小林いさみ	女	33	重傷、中島飛行機武蔵病院疎開病院で死亡
19	小林　達男	男		即死
20	小林　定助	男	60	即死か？
21	佐藤　英子	女	23	即死
22	島津　正	男	45	即死
23	清水　タカ	女	20	即死
24	篠原　隆文	男	33	即死
25	鈴木　昭吾	男	16	即死
26	滝口　愛子	女	36	即死
27	竹田　敬	男	29	即死
28	竹田　義治	男	44	重傷、桜ヶ丘保養院で死亡
29	武田リョウ	女	46	即死か？
30	田下　藤樹	男	35	重傷、桜ヶ丘保養院で死亡？
31	多田平八郎	男	33	重傷、日本機械診療所で死亡？
32	田中　計巳	男	19	重傷、桜ヶ丘保養院で死亡
33	田畑　三衛	男	46	負傷、破傷風で８月15日に死亡
34	鶴見　綾子	女	19	即死
35	手島　国男	男	33	即死
36	徳永　尚	男	43	即死
37	鳥山　栄一	男	18	即死
38	中田　智和	男	5	即死
39	中村　定男	男		即死
40	幡野すみ子	女	19	即死
41	原　満房	男	62	即死
42	日向　とめ	女	46	重傷、日本機械診療所で死亡
43	細川　繁忠	男	22	重傷、搬送中死亡
44	松永　光広	男	36	重傷、立川市内の病院で死亡？
45	松原　菊江	男	23	重傷、桜ヶ丘保養院で死亡
46	松村　富三	男		即死
47	森下むつ子	女	17	即死
48	渡辺丑三郎	男	51	即死

第五章　惨禍を後世に伝えるために

第一節　慰霊の始まり

空襲の傷跡は物心両面で残りました。

荒井地区の家々では担架代わりに使われた雨戸に血が染みついて、洗っても落ちませんでした。戦後しばらくの間はそのまま使われ、道路からは血の痕を見ることができました。線路北側の畑を耕すと乗客の靴や髪の毛が出てきたり、逃げ込んだ山林の杉の木は弾丸で傷つき、売り物になりませんでした。遺体を茶毘に付した日影沢の場所は、杉木立ですが、下草は生えていないといいます。

乗客の心と身体に残る傷

乗客、特にケガをした方々の体と心の傷は深く、右手の指の一部を損傷した小林十三三さんは、人に会う時、右手は必ず握りしめているか、ポケットに入れていました。実家の造園業を続けられず、別の仕事をせざるをえなくなり、その間、何度となく頭部の銃弾の破片摘出手術を受けました。堀初子さんは、五、六年経ってお尻の傷口が痛くなり、医者に見てもらうと、傷の中から米粒、錆びた金、木の破片などが出てきたり、音に対して異常に敏感になってさまざまな治療をしました。高橋通子さんも真夏の太陽がギラつき、蝉しぐれが聞こえる時など、何の脈絡もなく恐怖の冷汗にみまわれることがありました。

供養のはじまりと供養塔の建立

現場には時を経ずして卒塔婆が立てられ、この地域の住民は時折花を手向けたり、八月五日には正装でお参りに来る人もいました。一九五〇（昭和二十五）年の春、浅川町上長房青年団の集まりで、供養の碑の建立が決まりました。犠牲者の一人、青木孝司さんが先輩の青年団員だったためでした。遺体を茶毘に付した日影沢から石を運び出して「戦災死者供養塔」と刻み、八月に線路の北側に建立。常林寺の住職にお経をあげてもらい、慰霊祭をしました。

ここは長年、供養の場となり、一九八一年には立正佼成会が中心になり、地元民、遺族が参加して三七回忌供養が行われました。

“語り部”峯尾八重子さん

蛇滝で修行をしていた行者の中には、ここには犠牲者のうち、遺族に供養してもらっていない方の霊が漂っていると、来るたびに小仏川で川施餓鬼《せがき》（非業の死を遂げた人々に供物を供えて供養すること）を十数年続けた方もいました。

地元で長年、この空襲の“語り部”をしていたのが峯尾八重子さんでした。父親の丑太郎さんが、これからもうちで供養しようと言い置いたこともあり、お彼岸と祥月命日には供養を欠かしませんでした。遺族や乗客が訪れるたびにお茶を出して列車戦没者名簿などを見せたりするなど、“たばこ屋のおばあさん”として知られていました。一九七五年には八王子市郷土資料館で開催された八王子空襲展で、犠牲になった小野嘉明さんの母親からの手紙など合計一二点を公開しました。

ところが、こうした思いが仇になることが起きました。一九七八年六月二十七日、三三回忌に訪れた遺族を名乗る夫婦連れに、この名簿と、遺族・関係者からの手紙類が持ち去られてしまいました。この悲しい出来事を彼女は自分のせいだと悔いましたが、今もって返却されていません。

それでも高齢になり、体調が思わしくなくても八月五日がやってくると、ご家族の心配を振り切るように慰霊の集いの準備をしました（二〇〇四（平成十六）年十一月二十日永眠）。

遺族・体験者の来訪

戦後二十年が経ち、生活が安定し余裕が出てくると、次第に遺族が現場を確認したり、供養に訪れるようになりました。早くは八王子市内在住の花上静江さんが妹の松原菊江さんの、黒井トミさんが娘さんや親戚とともに夫の博孝さんの供養にしばしば訪れました。武田笑子さんは、一九七〇年代後半に夫とともに峯尾宅を訪れ、八重子さんから見せられた列車戦没者名簿のうち、表紙と叔父（名取保徳さん）の名前が記されている個所を写真に収めました。

一九八〇年代になると、体験者も訪れるようになりました。当時二〇代だった方々がそろそろ定年を迎えることが契機でした。守矢日出男さんは、校長を退職して現役を退くにあたって、あの日、手動ミシンを預けた奥さんにお礼を言いたいと、一九八一年四月十五日に訪れました。

一九九〇（平成二）年九月には、負傷者の一人、酒匂淳さんが訪れました。八重子さんが慰霊碑の前に行ってみると、彼は碑の前に土下座をして、「あなた方が犠牲になってくれたおかげでこうして生きていられる」とポロポロと涙をこぼしていました。戦後、肺結核を患い、二年前には大腸ガンでS字結腸を切り、この時は肺がんで入院待ちをしていました。翌月に再入院、病院からの手紙では治療の効果の確率はきわめて薄く、静かに終焉を待つ気持ちだと綴っています。

さらに十一年後の二〇〇一年七月には、四一九列車に乗車していた女性車掌ご本人が名乗り出ました。新宿駅の出札係が山梨県出身の女性だったことから車掌も山梨県出身と思われていたのですが、実は茨城県でした。非番で乗車していた和田栄子さんが自分のアルバムを整理するにあたって、この空襲の日付を知りたいと八王子市役所に問い合わせたところ、市役所では八王子市郷土資料館を紹介。資料館では当日の車掌だった丹野玉子さんと二人で八王子を訪れることを提案し、七月十二日、あの日以来始めて現地を訪れたのでした。

第二節　実態の解明と次世代への継承

戦後三十年が近づく頃から、全国で空襲を記録する運動が盛んになりました。一九七九（昭和五十四）年に結成された八王子空襲を記録する会は、八王子空襲の実態を明らかにしようと聞き取りや資料調査を行いました。その結果、解体寸前の機関車ＥＤ16－7をＪＲ西国立駅で確認、写真に収めたり、新たな証言者を探し出しました。

さらに同会が陳情して一九八〇年四月から八王子市郷土資料館で『八王子の空襲と戦災の記録』の編集が始まりました。編集作業では犠牲者のお名前を明らかにすることに重点が置かれました。列車空襲は地域への空襲とは違い、隣で亡くなった方の名前すら知らないことが特色です。そこで、この編集にあたっていた細川武雄（本会の初代会長）が中心となり、一九八三年八月五日に峯尾八重子さんをはじめ地元関係者に集まっていただき、供養と座談会を開催し、新聞で当時の状況と犠牲者の情報提供を求めていることを報道してもらいました。すると次々にご遺族、体験者、関係者が名乗り出て、それまで三名しか分からなかった死没者名が急速に明らかになりました。一九八四年三月、この記録は全三巻で刊行され、総説編の第二章第十一節で「湯ノ花トンネル列車銃撃空襲」として概要が記され、市民の記録編には体験記が収められました。一九九二（平成四）年八月には、齊藤勉が『中央本線四一九列車』（のんぶる舎）を出版し、全体像を明らかにしました。

二十一世紀に入ると、次世代の方々がこの空襲を取り上げるようになりました。依田直子さんは大学の卒業論文で「湯の花トンネル列車銃撃事件が伝えるもの」を執筆しました（二〇〇二年）。二〇一二年十二月十四日には、東京都教育研究員（小学校社会）だった八王子市立浅川小学校の小林温子先生が、同校での八王子地区発表会で本会の森悦子を招き、六年二組でこの空襲を教材にした公開授業を行いました。

第三節　本会の活動

本会は一九八四（昭和五十九）年七月二十一日に結成され、八月五日に最初の慰霊の集いを実施しました。

最初の集いは、線路の北側にあった供養塔の前で行っていました。しかし、線路脇で危険ということで、地元の峰尾幸友さん、章子さんご夫妻から敷地の提供を受け、一九八六年七月二十八日に現在地に移しました。さらに、会では亡くなった方のお名前を刻んだ石碑を建立したいと念願していましたが、これを知った東京八王子南ロータリークラブ（須藤貞夫会長）のお力添えにより、一九九二（平成四）年六月十日に供養の碑を建立することができました。

建立時の慰霊の碑

慰霊の集いは、たびたび新聞記事になったほか、テレビなどの取材を積極的に受け入れました。その結果、左のようにテレビ番組になり、放映されました。

◆東京レポート№.１６９７「列車銃撃47年目の夏」
財団法人東京都映画協会　一九九二年八月十四日放映

◆「第40回　多摩探検隊　湯の花トンネル列車銃撃空襲」
中央大学総合政策学部松野ゼミナール　二〇〇七年八月

◆「戦後70年　千の証言スペシャル　私の街も戦場だった」
ＴＢＳ－ＪＮＮ　二〇一五年三月九日放映

このうち、多摩探検隊はケーブルテレビの番組で、現在でもインターネットで視聴することができます。

「千の証言スペシャル」はＴＢＳ－ＪＮＮ系列が戦後七十年を機に制作したドキュメンタリーと再現ドラマで構成された番組です。アメリカ軍の小型機空襲について、搭載されていたガンカメラの映像をもとに全国の実態を明らかにしました。番組の冒頭では、湯の花トンネルの中を通ってナビゲーター役の俳優・佐藤浩市さんが出てきて、番組を紹介。四一九列車空襲は佐藤さんが黒柳美恵子さんをはじめ体験者の方に取材し、再現ドラマ化されています（黒柳さん役は女優・杉咲花さん）。

二〇一五年には慰霊の集いと活動、資料を『いのはな慰霊の集い　三十年のあゆみ――中央本線四一九列車銃撃の体験記と日米資料――』（揺籃社）として出版しました。今後もこの惨禍を広く知って頂き、後世に伝えるために活動を続けたいと考えています。

慰霊の集いで挨拶をする
黒柳美恵子遺族会会長

献花と哀悼のようす（2016年）